"十二五"普通高等教育本科国家级规划教材

综合日语

第三版

总主编 彭广陆 〔日〕守屋三千代

第三册教学参考书

主编 周彤 王轶群
编者 何琳 冷丽敏 刘健
　　　彭广陆 孙佳音 杨峻
　　　〔日〕滨田亮辅

图书在版编目（CIP）数据

综合日语第三册教学参考书 / 周彤，王轶群主编. —3版. —北京：北京大学出版社，2024.4
ISBN 978-7-301-34899-4

Ⅰ.①综⋯ Ⅱ.①周⋯ ②王⋯ Ⅲ.①日语—高等学校—教学参考资料 Ⅳ.① H369.39

中国国家版本馆 CIP 数据核字 (2024) 第 054267 号

书　　　名	综合日语（第三册教学参考书）（第三版） ZONGHE RIYU (DI-SAN CE JIAOXUE CANKAO SHU) (DI-SAN BAN)
著作责任者	周　彤　王轶群　主编
责 任 编 辑	兰　婷
标 准 书 号	ISBN 978-7-301-34899-4
出 版 发 行	北京大学出版社
地　　　址	北京市海淀区成府路 205 号　100871
网　　　址	http://www.pup.cn　新浪微博：@ 北京大学出版社
电 子 邮 箱	编辑部 pupwaiwen@pup.cn　　总编室 zpup@pup.cn
电　　　话	邮购部 010-62752015　发行部 010-62750672　编辑部 010-62759634
印 刷 者	山东百润本色印刷有限公司
经 销 者	新华书店
	787 毫米 ×1092 毫米　16 开本　11 印张　268 千字 2006 年 11 月第 1 版 2024 年 4 月第 3 版　2024 年 12 月第 2 次印刷
定　　　价	48.00 元

未经许可，不得以任何方式复制或抄袭本书之部分或全部内容。
版权所有，侵权必究
举报电话：010-62752024　电子邮箱：fd@pup.cn
图书如有印装质量问题，请与出版部联系，电话：010-62756370

前　言

《综合日语：教学参考书》是《综合日语》(第三版)配套系列教材之一，其宗旨是为教师设计与组织教学提出可供参考的教学思路，为教师开展课堂教学活动提供切实有效的实施方案。

《综合日语：教学参考书》为教师开展课堂教学提供有效的实施方案，各课由（1）教学目标，（2）语言知识点、学习重点及拓展教学提示，（3）教学重点，（4）教材练习答案，（5）学习手册答案，（6）学习手册听力录音稿，（7）课文翻译七部分组成。

1. 教学目标

在基本教学目标的基础上，有机结合立德树人教学理念，充分体现《普通高等学校本科专业类教学质量国家标准》(2018)及《普通高等学校本科外国语言文学类专业教学指南》(2020)的人才培养目标，同时明确课程思政目标和情感态度目标，将结果性目标与体验性目标结合，为教学提供明确的导向。

2. 语言知识点、学习重点及拓展教学提示

梳理各单元的语言知识点，提示语言知识点的运用并提供课堂教学实施建议。

3. 教学重点

由词汇教学重点、语法教学重点构成。

词汇教学重点提炼使用频率高以及在意义、使用规则等方面容易出错、容易与汉语混淆导致误用的词汇，并提供相关教学建议。

语法教学重点在各单元语法解说的基础上，深入梳理教学难点，有机整合其内在关系，解析近义表达，解析与汉语近似的语法表达等，并提供相关教学建议。

4. 教材练习答案

教材中每课两个单元课后练习的参考答案及讲解建议。

5. 学习手册答案

《综合日语》(第三册学习手册)(第三版)各课练习的参考答案。

6. 学习手册听力录音稿

《综合日语》(第三册学习手册)(第三版)各课的听力录音稿。

7. 课文翻译

《综合日语》（第三册）（第三版）各单元课文的中文翻译。

《综合日语》（第三版）通过公共网络平台分享优质学习资源，超越了固定模式，打破了"纸质媒介"的限制，成为动态、多模态的系列教材。《综合日语：教学参考书》出版后，编委会将根据时代的发展、使用者的反馈，不断更新、补充动态资源，为广大教师提供更有效的帮助。

在编写过程中，所有成员倾注了大量心血，但是由于水平有限，难免存在不尽如人意之处，希望广大师生批评指正，以便今后不断修订、完善。衷心感谢大家对本书的厚爱，希望《综合日语：教学参考书》能够成为广大一线教师的教学伙伴，为开展课堂教学提供有力支持。

《综合日语：教学参考书》编者
2023年9月15日

教学温馨提示

1. 本教材充分考虑了中国学生的现有知识体系、文化背景、认知特点，为在中国学习日语的中国学生精心打造。在日语学习中，汉字知识的迁移一方面会给学生带来事半功倍的学习效率，但有时也会成为日语学习的羁绊，因此需要在日语学习初级阶段加强指导，帮助学生有效地发挥汉字的作用，同时排除母语的负迁移。

2. 本教材每篇课文都是一个完整的语篇，建议指导学生从语篇出发，基于语篇文本，并在语篇的具体语境中理解词语用法以及相关的语言知识，不提倡为了讲解单词、语法等语言知识将一个完整的语篇肢解成若干部分。单词、语法等语言知识的学习可以安排在课文学习之前或者完成课文的学习之后。

3. 本教材会话课文追求日语语言表达的自然与得体，没有采取简单的一问一答的形式。建议引导学生注意到这一点，在自己实践时也尽量模仿自然的语言表达形式。

4. 本教材主要出场人物身份、性格以及人物关系前后统一，贯穿整部教材。每个人物的性格、语言特点，处事方法各具特色，这种精心设计的目的不只是增加教材的故事性与趣味性，更重要的是通过不同的人物个性，体现日语语言表达的特点。建议在教学中挖掘这些素材，帮助学生加深对日语的理解，培养良好的语感。

5. 外语学习的初级阶段，不得不面对学生认知水平与外语水平的不匹配。建议鼓励学生大胆使用所学语言知识，根据需要扩充词汇，表达自己真正想表达的内容。

6. 日语委婉表达丰富，有些初学日语的学生可能认为是"虚伪"。实际上委婉表达大多出于善意，目的是不让对方难堪。可以通过教材的会话课文，引导学生意识到这一点，帮助学生消除由于文化差异而产生的误解或抵触情绪。

7. 外语课堂经常有展示、说明的环节。建议引导学生抓住谈话对象的注意力，建立听众意识，建立共鸣。课堂上组织、引导同学积极参与互动，鼓励学生积极思考、体会、实践，培养学生成为展示、说明的达人，培养学生外语专业素养。

目　次

第1課　新生活のスタート ……………………………………………………… 1
　　一、教学目标 ……………………………………………………………… 1
　　二、语言知识点、学习重点及拓展教学提示 ………………………… 1
　　三、教学重点 ……………………………………………………………… 2
　　四、教材练习答案 ………………………………………………………… 6
　　五、学习手册答案 ………………………………………………………… 11
　　六、学习手册听力录音稿 ……………………………………………… 12
　　七、课文翻译 ……………………………………………………………… 16

第2課　サークル活動 …………………………………………………………… 18
　　一、教学目标 ……………………………………………………………… 18
　　二、语言知识点、学习重点及拓展教学提示 ………………………… 18
　　三、教学重点 ……………………………………………………………… 19
　　四、教材练习答案 ………………………………………………………… 21
　　五、学习手册答案 ………………………………………………………… 25
　　六、学习手册听力录音稿 ……………………………………………… 27
　　七、课文翻译 ……………………………………………………………… 30

第3課　大相撲 …………………………………………………………………… 34
　　一、教学目标 ……………………………………………………………… 34
　　二、语言知识点、学习重点及拓展教学提示 ………………………… 34
　　三、教学重点 ……………………………………………………………… 35
　　四、教材练习答案 ………………………………………………………… 38
　　五、学习手册答案 ………………………………………………………… 43
　　六、学习手册听力录音稿 ……………………………………………… 45
　　七、课文翻译 ……………………………………………………………… 49

第4课　東京での再会 ... 52
　一、教学目标 ... 52
　二、语言知识点、学习重点及拓展教学提示 ... 52
　三、教学重点 ... 53
　四、教材练习答案 ... 56
　五、学习手册答案 ... 60
　六、学习手册听力录音稿 ... 62
　七、课文翻译 ... 65

第5课　古都 ... 68
　一、教学目标 ... 68
　二、语言知识点、学习重点及拓展教学提示 ... 68
　三、教学重点 ... 69
　四、教材练习答案 ... 73
　五、学习手册答案 ... 77
　六、学习手册听力录音稿 ... 79
　七、课文翻译 ... 82

第6课　茶道体験 ... 85
　一、教学目标 ... 85
　二、语言知识点、学习重点及拓展教学提示 ... 85
　三、教学重点 ... 86
　四、教材练习答案 ... 89
　五、学习手册答案 ... 93
　六、学习手册听力录音稿 ... 95
　七、课文翻译 ... 98

第7课　異文化理解 ... 101
　一、教学目标 ... 101
　二、语言知识点、学习重点及拓展教学提示 ... 101
　三、教学重点 ... 102
　四、教材练习答案 ... 105

五、学习手册答案 …………………………………………………… 109
　　六、学习手册听力录音稿 ……………………………………………… 111
　　七、课文翻译 …………………………………………………………… 114

第8課　大学祭 ……………………………………………………………… 118
　　一、教学目标 …………………………………………………………… 118
　　二、语言知识点、学习重点及拓展教学提示 ………………………… 118
　　三、教学重点 …………………………………………………………… 119
　　四、教材练习答案 ……………………………………………………… 122
　　五、学习手册答案 ……………………………………………………… 126
　　六、学习手册听力录音稿 ……………………………………………… 128
　　七、课文翻译 …………………………………………………………… 132

第9課　外来語 ……………………………………………………………… 135
　　一、教学目标 …………………………………………………………… 135
　　二、语言知识点、学习重点及拓展教学提示 ………………………… 135
　　三、教学重点 …………………………………………………………… 136
　　四、教材练习答案 ……………………………………………………… 139
　　五、学习手册答案 ……………………………………………………… 143
　　六、学习手册听力录音稿 ……………………………………………… 145
　　七、课文翻译 …………………………………………………………… 148

第10課　アニメ産業 ………………………………………………………… 152
　　一、教学目标 …………………………………………………………… 152
　　二、语言知识点、学习重点及拓展教学提示 ………………………… 152
　　三、教学重点 …………………………………………………………… 153
　　四、教材练习答案 ……………………………………………………… 154
　　五、学习手册答案 ……………………………………………………… 157
　　六、学习手册听力录音稿 ……………………………………………… 159
　　七、课文翻译 …………………………………………………………… 163

第1課　新生活のスタート

一、教学目标
1. 能根据不同的情景使用得体的语体阐述自己的认识，并与同伴分享信息。
2. 通过解读人物会话，培养学生的跨文化交际能力。

二、语言知识点、学习重点及拓展教学提示

1. 语言知识点及学习重点

ユニット1

语言知识点	学习重点
① ～（だった）っけ〈确认〉〈询问〉 ② Nのことだから〈对人物的判断〉 ③ N₁をN₂とする／N₁をN₂として〈确定〉 ④ ～といっても〈补充说明〉 ⑤ ～わりに（は）〈比例失衡〉 ⑥ ばかり〈限定〉	① 关注语体表达的得体性，根据不同的情境，切换语体。 ② 运用终助词「ね」表达自己和对方的共同看法等。 ③ 运用「～といっても」「～わりには」表达不同语义的转折。

ユニット2

语言知识点	学习重点
① ～ことになっている〈约定、惯例〉 ② ～ということは～（ということ）だ〈解释、说明〉 ③ Nにおける／において〈空间〉〈时间〉 ④ ～わけだ〈说明〉 ⑤ Nのもとで〈影响〉〈支配〉 ⑥ ～とともに〈共同动作主体〉〈同时〉 ⑦ こそ〈凸显〉	① 运用「～ということは～（ということ）だ」「～わけだ」等表达方式，说明事物的含义及特征。 ② 阅读文章，把握文章的要义。

2. 拓展教学提示

(1) 搜集资料，了解大学的研讨课（ゼミ）应当是怎样的课堂状态。例如，小组讨论中的分工与协作、小组报告等。

(2) 搜集资料，讨论中日两国大学生的校园生活有哪些异同。

三、教学重点

（一）词汇教学重点

見える

本单元中的语体转换、敬语等在教学过程中需要着重讲解并提醒学生们注意，因为学生在实际生活对话中，很多时候都是在向教师请教学习的。学习日语的敬语体系，可以让自己的表达更加得体。本单元中出现的「見える」一词，是"来"（「来る」）的敬语形式，需要引导学生梳理、总结，「来る」的敬语形式都有哪几个，彼此之间有什么差异等。

「来る」的尊他表达形式	「来る」的自谦表达形式
来られる	伺う
見える	参る
いらっしゃる	
越す（お越しになる）	
おいでになる	

1. 区切り、締めくくり

本单元是一篇类似说明文的文章，在介绍日本大学的「ゼミ」课程的过程中，使用到了很多和语词（「和語」）。我们知道，日语词汇从来源讲，有汉语词（「漢語」）、和语词（「和語」）、外来词（「外来語」）、混和合成词（「混種語」）等多种形式。汉语词给人一种简洁庄重的正式感，而和语词则更具"灵动性"，有时候能贴切地表达出日本人心底的想法。例如，本单元中出现的「区切り、締めくくり」两个单词，教师可以引导学生将课文里两个句子中的「区切り、締めくくり」试着换成汉语词，讨论一下替换前后有何不同。也可以让学生继续找出课文中的其他和语词，试着做替换练习，说说自己的感受。

(1) その大学での勉強の一つの区切り（「段落」）が、ぜミを選択するこの時期とも言えるだろう。
(2) その意味で、ぜミこそが、大学生活の締めくくり（「結末」）に最もふさわしい時間と言えるだろう。

2. 概して

「概して」意为"大概；一般；总的来说"。例如：
(1) むろん外国語の授業などのように、必修になっていて自分の自由にならないものもあるが、概して自由に選択できるはずである。
(2) 若い頃は概して目的がはっきりしない傾向がある。
(3) このクラスの日本語の成績は概してよいほうだ。

（二）语法教学重点

1.（だった）っけ〈確認〉〈詢問〉（→ 条目1）

「っけ」在口语中使用，可用于向对方确认、询问，如（1）—（3），也用于回忆时的自言自语，如（4）—（7）。

(1) えっ、そんなこと言ったっけ？
(2) レポートの締め切りは、何曜日だっけ？
(3) 李さんは、上海の出身でしたっけ？
(4) スマホをどこに置いたっけ？
(5) あれ、ここにカフェがあったっけ？
(6) 春巻きって、こんなに簡単だったっけ？
(7) 10月ってこんなに暑かったっけ？

可以通过以下表达回忆、确认的句式展开练习。
(1) ＿＿＿＿＿＿＿って、こんなに＿＿＿＿＿＿＿たっけ？
(2) あの時、＿＿＿＿＿＿＿＿＿＿＿＿＿＿＿たっけ？

2. Nのことだから〈对人物的判断〉（→ 条目2）

a. 该句型前句为对话双方共知的人物的性格或行为特征，后句表达据此做出的推测、判断。也可用于表达对组织、机构等的判断，一般不用于对事物的判断。前句常

用的表达方式有「成績優秀な／性格が明るい／頭がいい／まじめな／努力家の／厳しい／優しい／おっちょこちょい／～が強い／～が好きな」等。

(1) あの会社のことだから、何が起きるかわからないでしょう。
(2) ??有名店のラーメンのことだからおいしいだろう。
　　○有名店のラーメンだからおいしいだろう。

b. 学生造句时，常见的误用为后句不用推测、判断的表达方式。这点需要特别强调。

(3) ×優秀な彼女のことだから、スピーチコンテストで優勝した。
　　○優秀な彼女のことだから、きっとスピーチコンテストで優勝するだろう。
(4) ×歌が好きな李さんのことだから、カラオケでたくさん歌っていた。
　　○歌が好きな李さんのことだから、カラオケでたくさん歌っていたでしょう。

3. ～といっても〈补充说明〉（→ 条目4）

该句型表达的意思是："虽说（是）……，但是实际上（没有想像得那么好、没有想象得程度那么高）"，后句多为否定义的补充或修正说明。口语中也说「～といったって」。学生往往简单理解为逆接形式，出现以下误用。

(1) ×料理ができるといっても、いつも外食している。
　　○料理ができるといっても、作れるのは簡単なものだけだ。

4. ～わりに（は）〈比例失衡〉（→ 条目5）

a.「～わりに（は）」表达的是反比例关系，前后项一般为形容词或表达程度、尺度的名词，以及带有程度副词修饰的动词等，即能够表达状态或程度的含义。多用于口语。

(1) おじいちゃんは年のわりには歩くのが速い。
(2) 弟は背が高いわりにスポーツが苦手だ。
(3) がんばって働いているわりに給料が安い。

b.「～といっても」和「わりに（は）」虽然都表达转折关系，但是前者侧重于补充说明，后者侧重于表达比例关系失衡。试比较「～といっても」「～わりに（は）」「～のに」的不同。

(4) あまり勉強しなかったといっても、宿題ぐらいはちゃんとした。（补充说明）
(5) あまり勉強しなかったわりには、テストの点数はよかった。（努力的程度与成绩不成正比）
(6) あまり勉強しなかったのに、合格しました。（吃惊、意外）

5.「待っていた」与「待っている」

会話中「劉さん」说「王さん、お待ちしてました。劉芳です。どうぞよろしく」。此处「待っていた」的用法学生不易掌握。

「お待ちしていました」「待っていたよ」经常在等待之后见面时使用，「お待ちしています」「待っているよ」表达说话时正在等待的状态，也表达将来的状态。

(1) じゃ、明日7時に例のところで待っているよ。

1. ～ことになっている〈约定、惯例〉（→ 📖 条目1）

a. 该句型表达的是社会、团体、机构等的规则、制度、规定、习惯、计划、预订等，书面语或正式的场合也说「～こととなっている」。

(1) 生ゴミは週に2～3回のゴミ収集日に出すことになっている。
(2) 新入生は全員健康診断を受けることになっている。
(3) あのグループは今年いっぱいで解散することになっている。
(4) 当時、週30時間の授業が行なわれることとなっていた。

b. 该句型也可以表达个人的约定、计划，如：

(5) 明日は友達と一緒に花火大会に行くことになっている。
(6) 来年3月に名古屋に引っ越すことになっている。
(7) 私は、その日、久しぶりに母校を訪ねることになっていた。

c. 需要注意的是个人的日常生活习惯一般不用「～ことになっている」表达。

(8) 毎朝8時に家を｛×出ることになっている ○出るようにしている ○出ることにしている｝。
(9) 寝る前にスマホを見ない｛×ことになっている ○ようにしている ○ことにしている｝

2. ～わけだ〈说明〉（→ 📖 条目4）

a.「～わけだ」主要有两个用法：

①表达必然的结果，在说明事实后得出理所当然的结论时使用。

(1) もう帰ってもいいと言われたので、帰ったわけだ。
(2) 週末だから、街に人が多いわけだ。

②对方解释说明理由后，表达理解和认可。经常与「どうりで」「だから」「なるほど」等搭配使用。

(3) A：夕べまたレポートで徹夜した。
　　B：ああ、どうりで（难怪）眠そうなわけだね。
(4) A：明日雪が降るらしいよ。
　　B：それじゃ、今日より寒くなるわけだ。

b. 需要注意「～わけだ」与「～はずだ」的区分。「～はずだ」表达说话人的主观推测，而非既有结果。

(5) 木村さんなら、もう帰った｛○はず　×わけ｝ですよ。
(6) 佐藤さんは長年中国に住んでいるから、中国語が上手な｛○はず　○わけ｝だ。

(6)中，「～はずだ」和「～わけだ」都可以使用，但是前者表达的是说话人的推测，后者表达的是说话人的结论。

3. こそ〈凸显〉（→条目7）

「こそ」为凸显助词（取り立て助詞），用于强调，表达"不是别的，正是（这个）"的含义。

a.「こそ」的句末经常为「最適だ／ふさわしい／決め手だ／大切な～／最も～」等褒义评价的表达方式。可让学生自由造句，说出自己认为宝贵的东西。

(1) 若さこそ無敵だ。
(2) 健康こそ最高の財産だ。

b.「こそ」前接「今年／来年／今／今度」等时间名词时，句末一般为愿望、意图的表达方式。可让学生自由造句，说出自己的一个愿望。

(3) ○今年こそ海外旅行に行きたい。
　　×今年こそ海外旅行に行きたくなった。

四、教材练习答案

ユニット1

A　内容確認

(1)

名前	出身／研究テーマ／将来の希望	クラブ／性格
木村あゆみ		
	もう一度中国語を勉強しようと思う	テニス部
劉芳		おっちょこちょい

(2) いいえ、この日が初めてではありません。
(3) 先生は事務室にいました。
(4) 三好さんはレジュメを用意してきました。
(5) はい、知っていました。
(6) よく遅刻する三好さんが、今日は先生より先にゼミ教室に来ていたからです。
(7) 木村さんは中国で日本語を教えたいと思っています。
(8) 「三好」は「三つの良いところ」と解釈できます。
(9) テニスです。
(10) 「おっちょこちょい」です。

B 文法練習

1.
 (1) Nのことだから
  ①a ②b ③今日も遅れてくるでしょう
 (2) 〜といっても
  ①b ②b ③挨拶とか自己紹介くらいしかできない
 (3) 〜わりには
  ①a ②a ③家賃が高い

2.
 (1) N_1をN_2とする／N_1をN_2として
  ①をテーマとしたグッズ ②資格を必要とする職業
  ③漢語をマスターするのが易しい
 (2) ばかり
  ①あの人は自分のことばかり ②マリちゃんとばかり遊んでいて
  ③体によくないよ

C 会話練習

☞ ポイント1
ここをおさえよう！
(1) マイク：「どんな人が来るかな」→「はい、そうですが……。」
 小　川：「今日は新入生が来る日だね」→「ああ、お待ちしてました。部長の小川です。」

親しい間で使われる普通体から丁寧体にアップシフトしました。
(2)新入生の大山さんとは初対面ですから、部長、副部長で先輩の小川さんとマイクさんはアップシフトをしました。

❖ 言ってみよう！

(1) A：ここはテニス部の部室ですか。
　　B：はい、そうですよ。
(2) A：トイレはどこですか。
　　B：廊下をまっすぐ行って右側です。
(3) A：今、何学部で勉強しているの（ん）ですか／していますか。
　　B：文学部で勉強しています。
(4) A：ちょっと聞いてもいいですか。日本語はどこで勉強したのですか？
　　B：京華大学です。
　　A：ああ、だからそんなに上手なんですね。

正しいのはどっち？

①来るんだったね　②そうだね　　　　　　③ある
④うん　　　　　　⑤大学だよ　　　　　　⑥知らなかった
⑦こちら　　　　　⑧部屋ですか　　　　　⑨はい
⑩そうです　　　　⑪京華大学の留学生の方ですね
⑫はい　　　　　　⑬王宇翔です　　　　　⑭よろしくお願いします　　⑮佐藤です

☞ ポイント2

ここをおさえよう！

(1) 同じ暑さを体験している木村さんと王さんも共感していると思ったからです（共同認識を持っていると思ったから）。
(2) はい。吉田先生、木村さんもそう思っています。吉田：「そうですね。」木村：「なかなか席が見つかりませんね。」共感を表わす「ね」を使っています。
(3) 吉田先生は共感しています。理由：共感を表わす「ね」を使っています。「そうですね。唐辛子がかなりきいてますね。」＝辛い。
　　王さんは共感していません。理由：「そうですか」と疑問や反論を表わす「か」を使っています。また、「私にはあまり辛くないですけど」とも言っています。

♣言ってみよう！
下降調

正しいのはどっち？
①そうだね　②暑いですね　③そうですか　④そうですか　⑤寒いですね
解説：「寒いです」だと基本的には個人的な感情のみを表出しています。日本語は聞き手との共感を確認しながら話すので、そうした終助詞がないと、聞き手のことを考えていないという意味も暗示します。

☞ポイント３
ここをおさえよう！
(1)「よく頑張ったね」「すごいね。まだ１年生なのに」と終助詞の「ね」をつけています。大山君がよく頑張ったことを知っており、大山君もそう思っているはずなので、「ね」をつけています。
(2)ほめられたとき「そうですね」というように共感の言い方はしません。自分を褒めることに共感することを意味するためです。また「先生や先輩方のおかげですね」と言うと、「先生も自分のおかげで大山君が優勝できたと思っているだろう」、と言う意味を表してしまいます。

♣言ってみよう！
解説：上昇イントネーションにしておくと問題なく、聞き手に共感を促す感じとなる。下降だと、断定的な印象を与える。ただし、褒める場合は、下降調の方がむしろ好印象となり得る。

A　内容確認
1.
　　1段落　①自分が興味のあるテーマ
　　2段落　②自主性　③主体性
　　3段落　①自分が興味のあるテーマ　④同じ関心を持つ先輩　⑤学友
　　4段落　⑥調べ　⑦考え　②自主性　③主体性

2.
(1) 自分で科目を選択して自分で時間割を作ること。
(2) 3年生になった頃です。
(3) 自主的に調査・考察・発表をすることで、学生がゼミで討論する中核となることです。
(4) 講義が教師から一方的に知識を教わるのに対して、ゼミは学生による主体的な発表や討論が中心であることです。
(5) ゼミこそが大学において身につけるべきこと、つまり自分で考え判断する力を養う場所です。

B 文法練習

1.
(1) ～ことになっている
　①休むときかならず（先生に）連絡する
　②大晦日に餃子を食べる
(2) ～ということは～（ということ）だ
　①男女が夫婦になる　　　　②多くの人と共通のものを分かち合う
(3) ～わけだ
　①ドイツ語が上手な　　　　②航空券が値上がりする
(4) こそ
　①大学で学んだこと
　②チャンピオンをとりたい

2.
(1) Nにおける／において
　①この点において意見が違う　　②90年代における価値観は
　③コンピューターの利用は今後さらに拡大すると考えられる
(2) Nのもとで
　①指導のもとで研究を　　　　②環境のもとで感性を
　③このイベントを行った
(3) ～とともに
　①自然と共に暮らす生活が理想だ　②であるとともに社会の一員でもある
　③権利でもある

五、学习手册答案

会話文のまとめ

　王宇翔さんの留学生活がスタートしました。今日は吉田先生ゼミの日です。演習室でこれから一緒に勉強する仲間に会いました。

　劉さんはアモイ出身で、明るくて優しいです。

　木村さんはしっかりしていて、将来は中国でも日本語を教えてみたいと言っています。

　三好さんは明るく元気で、スポーツが得意です。今日は発表することになっています。

　楽しい仲間に恵まれて、王さんの留学生活が楽しくなりそうです。

実力を試そう

　　略

Ⅰ.文字・語彙・文法

1. (1)かくりつ　(2)いぶんか　(3)しょたいめん　(4)じかんわり　(5)しゅやく
   (6)かくど　(7)はんだん　(8)くぎ　(9)やしな　(10)もう

2. (1)活躍　(2)発達　(3)卒論　(4)義務　(5)抜群
   (6)注目　(7)価値観　(8)期待　(9)並　(10)迷

3. (1)b　(2)c　(3)d　(4)a　(5)d　(6)a　(7)c　(8)a　(9)b　(10)d

4. (1)まで　(2)からの　(3)を　(4)しか／ほか
   (5)には／だけ　(6)ばかり／だけを　(7)に　(8)と
   (9)から　(10)こそが／だけが／でさえ

5. (1)c　(2)b　(3)b　(4)d　(5)b　(6)d
   (7)b　(8)d　(9)c　(10)a　(11)a　(12)c

6. (1)g　(2)a　(3)h　(4)e　(5)f　(6)b　(7)c　(8)d

7. (1)d　(2)a　(3)d　(4)c　(5)c　(6)d　(7)a　(8)c　(9)b　(10)a

Ⅱ. 听力

1. (1) d (2) a (3) b (4) d (5) d (6) a

2. (1) ○ (2) × (3) ○ (4) ×

Ⅲ. 阅读

(1) × (2) × (3) × (4) ○ (5) × (6) ×

六、学习手册听力录音稿

実力を試そう

改まった場面で自己紹介してください。

テスト

1. (1) 質問：正しいものはどれですか。

    A：みなさん、こちらはテリーさんです。テリーさん、自己紹介をどうぞ。

    B：初めまして。アメリカから来たテリーです。去年の夏、高校を卒業して、弟と一緒に3月に東京に着いたばかりです。日本語はアメリカで3年間勉強しました。日本語が大好きです。どうぞよろしくお願いします。

    A：よろしくお願いします。この大学では語学を専門に勉強しますか。

    B：そうです。外国語学部の日本語学科に入りました。卒業後は旅行会社のガイドになれたらと思っています。最近日米間の観光客が急激に伸びているので、近い将来、きっと需要が増えるだろうと言われています。

    A：弟さんも日本語学科ですか。

    B：はい、そうです。双子の弟のアンディも同じ日本語学部で、いずれは日本語教師になりたいと言っています。

    質問：正しいものはどれですか。

    a. テリーさんは去年の夏、日本に来ました。
    b. テリーさんは東京についてから日本語の勉強を始めました。
    c. テリーさんは言語学を専攻しています。
    d. テリーさんは旅行会社のガイドになりたいと言っています。

    (2) 質問：正しくないものはどれですか。

    A：ではアンディさん、自己紹介をどうぞ。

B：みなさん、こんにちは。初めまして。アンディと申します。3月に兄とアメリカから来ました。まだまだ分からないことばかりですので、どうぞよろしくお願いします。

A：アンディさんはとてもまじめな方ですね。趣味は何ですか。

B：趣味は旅行です。今までアメリカ国内だけでなく、ヨーロッパやアフリカにも一人旅で行きました。日本にも何度か来たことがあります。好物は納豆とパスタです。座右の銘は「石の上にも三年」と「虎穴に入らずんば虎児を得ず」です。

B：そんな言葉も知っているなんて、勉強熱心ですね。アンディさんはどの学科に入りましたか。

A：ありがとうございます。私は日本語学科に入りました。3年生になったら日本語教育のゼミに入って、将来は母国で日本語教師として子どもたちに日本語を教えたいと思っています。

B：そうですか。アンディさんならきっと優しくていい先生になれるでしょうね。

質問：正しくないものはどれですか。

　a．アンディさんは石の上にも三年いました。
　b．アンディさんは日本に来たことがあります。
　c．アンディさんの将来の夢は教師です。
　d．アンディさんは納豆が大好きです。

(3)質問：試験は何曜日ですか。

　A：ねえ、古文のテストって25日だったっけ。
　B：違う。違う。25日が26日になったの。
　A：もとは26日で、この前25日に変ったんじゃなかったっけ。
　B：違うわよ、25日が26日になったのよ。
　A：そうだったかなあ……。確かに水曜日だって聞いたはずなんだけどなあ。
　B：そもそも火曜日まで連休じゃない。試験は休み明けの二日目よ。
　A：あ、そうか。二日目だったね。

質問：試験は何曜日ですか。

　a．水曜日　　b．木曜日　　c．火曜日　　d．月曜日

(4)質問：アンディさんはどうして元気がないと言っていますか。

　A：アンディさんどうしたのかなあ。落ち込んでたみたいだけど。

B：舞子さんとけんかしたらしいよ。あの子、ずいぶんと気が強いから……。
　　A：何があったの？
　　B：どうせまたデートの時間に遅れたんじゃない。1分くらいどうってことないと思うけど、それでもすごく怒って帰っちゃうらしいんだ。
　　A：それはちょっとひどいなあ。でも少しくらい言い返してもいいんじゃない。
　　B：でもー、それが難しいんだろうね、おとなしい人だから。
　　質問：アンディさんはどうして元気がないと言っていますか。
　　　a．お腹が痛いから　　　　　　b．頭が痛いから
　　　c．恋人がデートに遅れたから　　d．恋人に怒られたから
(5) 質問：佐藤さんのアパートはどうして家賃が高いのですか。
　　A：佐藤さん、東京のアパートは高いですねえ。1か月4万円もするなんて。
　　B：それぐらいなら安いほうだよ。
　　A：安いといっても、留学生にとってはかなりの負担ですよ。
　　B：僕なんか6万5千円だよ。まあ、駅から徒歩10分で、立地条件がいいから。間取りはそうでもないんだけど、商店街が近いと買い物にも便利だしね。
　　A：いいなあ。私は駅まで自転車で15分もかかるから、毎朝大変。いいことは、近くにデパートがあることですね。
　　B：そうなんだ。僕、朝は弱いから、そんなに離れちゃ無理だな。
　　質問：佐藤さんのアパートはどうして家賃が高いのですか。
　　　a．留学生だから　　b．デパートに近いから
　　　c．静かだから　　　d．駅に近いから
(6) 質問：田中さんがサッカーを始めたきっかけは何ですか。
　　A：田中さんはサッカーがお上手ですね。いつごろからサッカーをやっていらっしゃるんですか。
　　B：そんなに早くないですよ。高校からですよ。高校生のとき、先生に勧められてちょっとやってみたらおもしろくなっちゃって……。
　　A：そうですか。田中さんは何でもできるんですね。
　　B：王さんもやってみませんか。体を動かすのは健康にもいいですから。
　　A：いえ、球技はちょっと……。

B：そんなこと言わないで、ほら。
質問：田中さんがサッカーを始めたきっかけは何ですか。
　a．高校生のときに先生に勧められたから
　b．体育の先生だから
　c．小さいころから好きだったから
　d．健康にいいから

2. 録音を聴いて、内容と合っていれば〇、間違っていれば×を書きなさい。
A：ちょっといいかな。ケンさんのことだけど、またアルバイト増やしたんだって？
B：そうなんです。今学期は授業数がそれほど多くないので、3か所で働いています。
A：1週間にどれぐらい。
B：まず、月曜から木曜までは、夕方授業が終わってから11時の閉店まで、新宿のアメリカンスタイルのレストランで。
A：へー。もう一つは？
B：水曜は授業がなくて丸一日空いていますから、レストランでのアルバイトが始まるまで、朝からコンビニです。土曜も朝から始めて、夕方の空手クラブまでの時間にやっています。
A：大変だなあ。そんなに張り切ってアルバイトしてたら、体がもたないんじゃない？
B：それほどでもないみたいですよ。時間が長いといっても土木作業のような肉体労働ないそうですから。でも、ずっと立ちっぱなしなので足が棒のようになってしまうそうです。
A：アルバイトは、ケンさんが自分で探しているのかな？
B：いえ、リュウさんの紹介ですって。リュウさん自身は毎日工事現場で働いています。体が鍛えられ、そのうえお金ももらえるから、一石二鳥だとか言っているそうで……。
A：リュウさんらしいなあ。それでよく寝坊して遅刻するのか。まあ、ケンさんのほうは、ケンさんのことだから心配していなんだけど、学生の本分もおろそかにしないようにしてほしいよね。じゃあ、また来週。
B：はい、失礼します。ケンさんに言っておきます。

七、课文翻译

ユニット1 王宇翔参加研讨班课程

（在大学的教室里）

刘　：今天的课是三好主讲吧，他怎么还没来啊？

木村：是呀！三好啊，他肯定又睡懒觉了。啊！来了，来了！

三好：早上好！啊，太好了，没迟到。

刘　：三好，你来得太晚了！

三好：可老师不是还没来吗。

木村：刚才来了一下，又去办公室了。你的发言提纲呢？

三好：哦，昨晚弄到很晚，好不容易才……

刘　：给大家复印好了吗？

（敲门的声音）

三好：请进。

王　：劳驾请问，吉田老师的研讨课是在这儿上吗？

三好：是的。

王　：我是从京华大学来的交换留学生，我叫王宇翔。

木村：哦，你就是这学期新来的留学生呀，我听老师说了，请坐！

刘　：王宇翔，大家一直盼着你来呢！我叫刘芳，请多关照！

王　：也请你多关照！

三好：那今天的研讨课就是王宇翔的欢迎会了！

（老师进来了。）

老师：早上好！三好，今天的课你来主讲，干劲十足嘛。

三好：啊，嗯……

老师：王宇翔，你是从今天开始上课吧？

王　：是的，请老师多指教！

老师：好，在三好开讲之前，大家先自我介绍一下吧。好，从你这儿开始按照顺序……

木村：好的。我叫木村步，对以青少年为对象的日语教学很感兴趣，我也很喜欢中国，将来很想在中国等地教日语。请多关照！

王　：请多关照！

三好：我叫三好学。

刘　：（对王宇翔说）"三好学（sānhǎoxué）"。

王　：咦？这名字不错啊！

三好：不过我只是"体育好"的"一好（yīhǎo）"。

王　：什么体育运动？

三好：我在网球队当副队长。正好你来了，我想重新把汉语捡起来。

刘　：我叫刘芳，是厦门人。毕业论文的题目是《跨文化交流》。我来日本已经4年芳　了，但总是毛手毛脚的，所以常闹笑话。不过，你有什么困难可以随时找我商量，有什么问题尽管问。

老师：好的，最后是王宇翔。

王　：哦，我想先问一下，"おっちょちょちょ……"是什么意思？

2 有关研讨课的介绍

　　在我们学校，从三年级开始，就可以选修研讨课。研讨课是为了使学生能够进一步学习、探讨自己感兴趣的课题而开设的课程。

　　大学的课程设置与高中阶段不尽相同，学生可以根据上课时间自选课程来制定自己的课表，这是大学课程的特色。当然，像外语课等课程是必修课，不能自由选择，但总体上还是可以自己掌握的。在同一时间里，是选文学课还是选法律课，由学生自己来决定。学生自己来制定自己的课表，这一做法有助于培养他们的自主性和主动性。大学的学习方式不是等着老师来教，而是学生自主地、主动地去学。

　　选修研讨课可以说是大学学习的一个新阶段。看一看人文学院的《选课手册》，便会发现上面列着很多有趣的课题，如"山手线沿线地区及老城区""日本人和汉字""关于日语教育教材与教具的研究"及"日中关系史"等等。学生可以从这些课题中选出自己最感兴趣的，在以后的两年以此为中心继续学习。在研讨课任课教师的指导下，与对同一课题感兴趣的高年级或同年级同学一起从各个角度进行学习。

　　说到底，研讨课的主体是学生，学生在课上就不能像普通课程一样只是听老师讲，而是要把自己查阅、思考的东西讲给别人听，并在此基础上进行集体讨论。老师的作用是在学生迷失方向的时候予以提示，并为他们提供必要的帮助。通过这种研讨课，学生的自主性、主动性都会得到培养和锻炼。学生在大学期间要掌握的不单是知识的多少，还有独立思考和判断的能力。从这一意义上来说，要为大学生活画上圆满的句号，研讨课或许是最合适的选择。

引自《东西大学选课手册》

第2課　サークル活動

一、教学目标

1. 能回应对方的邀请，并阐述自己的意图，表达得体。
2. 能理解并恰当运用指示词。
3. 学会制作个性化海报。

二、语言知识点、学习重点及拓展教学提示

1. 语言知识点及学习重点

ユニット1

语言知识点	学习重点
① ～といえば〈提出话题〉 ② ～からといって～（とは限らない）〈转折〉 ③ Vてみせる〈演示〉〈决心〉 ④ それより（も）〈递进，转换话题〉 ⑤ だけ〈限定〉	① 理解并运用「あ、そ」系列指示代词。 ② 运用「～といえば」提出话题。 ③ 运用「～からといって～（とは限らない）」陈述表示转折的逻辑关系。

ユニット2

语言知识点	学习重点
① N_1をN_2に〈作为、当作〉 ② Nとしては〈内容的具体化〉 ③ Nに限らず〈非限定〉 ④ V（よ）うではないか／じゃないか〈号召〉 ⑤ N／Vるにあたり／にあたって〈进行动作行为的时间〉 ⑥ Nに加えて〈递进、累加〉 ⑦ ～やら～やら〈并列〉	① 运用「Nに加えて」陈述表示递进、累加的逻辑关系。 ② 运用「V（よ）うではないか／じゃないか」表达呼吁、号召。

2. 拓展教学提示

(1) 搜集资料，用日语讲述自己参与的社团，描述社团的组织结构和日常活动。
(2) 搜集资料，探究中日大学生社团活动的差异。

三、教学重点

（一）词汇教学重点

1. ジャッキー・チェン

本单元中，可以向学生介绍日语中对于中国人姓名的念法特点及其变迁。

(1) 由传统音读向模仿汉语发音转变。

以前，日本人在念中国人姓名时，通常会使用汉字的音读，例如「王さん、馬さん」，近年来，日本人开始渐渐转变为模仿汉语发音，称呼对方为「王さん、馬さん」。

(2) 称呼中国内地（大陆）人士的姓名时，日本人通常采取（1）的念法，由于中国港澳台人士经常会有英文名，称呼中国港澳台人士则采取"英文名+姓氏"的方法，例如本单元中日本人通常称呼成龙为「ジャッキー・チェン」，再比如称呼邓丽君为「テレサ・テン」。

1. 求む

「求む」是「求める」的古语形式，意思相同。

(1) やる気のある者を求む！
(2) 求む！　新聞配達員
(3) 営業経験者、求む！

海报等公文内容通常要求简洁明了，使用汉语词或者古语形式又增加一种庄重感，例如空手道社团海报中的「未経験者も可」中的汉语词「可」就有这样的作用。教师可以引导学生观察本单元的各个海报，讨论海报还有什么特点，也可以就某一项学生活动让学生组成小组制作海报。

（二）语法教学重点

1. ～からといって～（とは限らない）〈转折〉（→ 条目2）

　　a.「からといって」用于表示前后句的转折关系，意思是虽然出现了"前因"，但未必会出现通常意料中的"后果"。后句形式除「～とは限らない」之外，常见的还有「～わけではない」「～ことはない」。例如：

　　(1) お金に困っていたからといって泥棒をしてもいいというわけではない。

　　(2) 背が低いからといって、悩むことはない。

　　b. 口语中「からといって」可以说成「からって」，例如：

　　(3) 車で来てるから、誘われたからって、飲みに行けないよ。

　　(4) 健康に自信があるからって、そんなに無理をしてると体を壊しますよ。

2. Vてみせる 〈演示〉〈决心〉（→ 条目3）

　　讲解这个句型时，可以将其与「Vてみる」进行比对。「Vてみる」是尝试着做某动作，对于动作主体的人称没有限制。而「Vてみせる」有两种用法，表示"演示"的意义时，动作主体第一、二、三人称均可；表示说话人的"决心、意志"时，只能用第一人称（在句中常常省略）。

　　(1) このことについて、もう少し考えてみてください。

　　(2) コーチは「こうやるんだ」と、手本をやってみせた。

　　(3) この悔しさを忘れない。今度こそ勝ってみせる。

1. Nとして（は）〈内容的具体化〉（→ 条目2）

　　a. 第二册学习过表示资格、立场的「として」，本课出现的是其扩展用法。在句中「として」主要用来提示话题，后面的内容是对其进行具体说明。例如课文中的「活動内容としては、週2回の合同練習と朝の自主練習です」这句话，「週2回の合同練習と朝の自主練習」是对「活動内容」的具体说明。

　　b. 学习这个句型时，建议结合例句，综合复习此前学过的「として」的用法。

　　(1) 王さんは交換留学生として日本に来ました。

　　(2) 万里の長城は北京の観光地として有名だ。

　　(3) この問題について私としては特に意見はありません。

　　(4) 他人の良さが認められるのは、人間としての成長だ。

2. ～やら～やら〈并列〉（→条目7）

　　a.「～やら～やら」表示同类事物的并列，可以用于接名词、动词或形容词。这个用法和「～とか～とか」比较接近，经常可以互换。

　　(1) 机の上の本｛やら/とか｝、ノート｛やら/とか｝、整理しなさいよ。

　　b. 二者在语感上的区别是：「～やら～やら」突出并列事项的杂乱感，往往用于表达说话人的负面评价；而「～とか～とか」则相对中性。在正面积极的语境下，通常不可使用「～やら～やら」，而使用「～とか～とか」。讲授时可参考下面的例句。

　　(2) このマンションは、便利とか、静かとか、いろんなメリットがありますよ。

　　(3) ×このマンションは、便利やら、静かやら、いろんなメリットがありますよ。

四、教材练习答案

ユニット 1

A　内容確認

1.
　　(1) マイクさんは「おす」とあいさつしたからです。
　　(2) 空手です。
　　(3) アメリカ人は日本人ならみんな空手ができるというイメージを持っています。
　　(4) アメリカ人は中国人ならカンフーができるというイメージを持っています。
　　(5) 王さんは、中国人だからと言って、みんなカンフーができるとは限らないと言いました。
　　(6) 友達が増えて体も強くなるという良いことです。
　　(7) 王さんはまだ日本の生活に慣れていないし、初心者の自分が迷惑をかけたくないからです。
　　(8) いいえ、王さんはまだ入部したいと思っていません。

B　文法練習

1.
　　(1) Nといえば

①富士山を思い浮かべる人が
　　②観光地といえば万里の長城や天壇公園でしょう
　　③刺身を思い浮かべる人が多いでしょう
(2)～からといって
　　①敬語がうまく使えるとは限らない
　　②チャイナドレスが似合うとは限りません
　　③若いからといって、不規則な生活をしてはいけない

2.
(1) Vてみせる
　　①手本を書いてみせる
　　②客の前で伝統的な踊りを踊ってみせる
　　③大学院に入ってみせる
　　④絶対幸せになってみせる

3.
(1) それより（も）
　　①a　　　②b　　　③会社に近い
(2) N／Vだけでは
　　①b　　　②a　　　③足りない
(3) かえって
　　①b　　　②a　　　③やりたくなる

C　会話練習

☞ **ポイント1**
ここをおさえよう！
(1) ①あの　②あの
　　三好さんも黄先生も知っている人だからです。
(2) 有名な番組で、黄先生もよく知っていると思ったからです。

正しいのはどれ？
①あれ　②それ　③これ　④その

☞ ポイント2
ここをおさえよう！
(1) ①その　②その
　楊さんは相手の黄先生が良く知っていて、三好さんが知らない人だからです。

正しいのはどっち？
①この、②これ、③それ、④この、⑤あの、⑥この、⑦これ
解説：⑦は「それ」でも良いですが、もう自分のものだ、とか、自分のものにしたい、という気持ちがあれば、「これ」も使います。つまり、自分の縄張りに入れてしまうということです。

☞ ポイント3
ここをおさえよう！
(1) 近代小説を一緒に読むグループ
(2) 受けました。
(3) 木村さんは、その誘いをしぶしぶ受けました。「1回のぞいてみるだけなら」

正しいのはどっち？
①この、②そこ、③あそこ、④あの、⑤あそこ、⑥よ、⑦行かない？

A　内容確認
1.
　(1) ×　　(2) ○　　(3) ○　　(4) ×
　(5) ×　　(6) ×　　(7) ○　　(8) ×

2.
　① ともに大学生活を充実したものにしようではないか！
　② 音のない世界でコミュニケーションを！
　③ 2回／週
　④ 1回／週
　⑤ 経験者（初心者も可）

⑥経験者も初心者も可
⑦三好学（国際関係学部）e-mail：J021175m@u-tozai.ac.jp
⑧小川（経済学部）／ 090-0123-4321　学生会館1階の部室

B　文法練習

1.
    (1) N_1をN_2に
        ①機に、家を出て一人暮らしを始めた
        ②合格を目標に語学の勉強を続けてきた
        ③やればできる
    (2) Nとしては
        ①としては関心が高いテーマを
        ②田舎に住みたい理由としては
        ③よく徹夜すること
    (3) 〜やら〜やら
        ①やら洋服やらを買って楽しくショッピングした
        ②気温の変化やら黄砂やら（或：黄砂やら気温の変化やら）
        ③寂しい

2.
    (1) Nに限らず
        ①b　　　　②b　　　　③試験に合格すること

3.
    ①思い込みはやめようじゃないか
    ②教育の目標をもう一回考えてみようじゃないか
    ③自分で自分を認めてあげようじゃないか

4.
    a+h
    b+f
    c+e
    d+g

五、学习手册答案

会話文のまとめ

　王さんはキャンパスを歩いている途中で、同じ寮に住むアメリカ人留学生のマイクさんに会いました。マイクさんはいつも元気一杯で、明るいです。大学の空手部に入っていて、空手にはまっています。中国人ならみんなカンフーができると思い込んでいるらしく、王さんに見せてほしいと迫っています。それどころか、空手部に入れば友達も増えて体も強くなるからと言って、王さんを強引に空手部に引き入れようとしています。

　王さんはどう対応したらいいか分からず困ってしまいましたが、とりあえず空手部のようすを見ることにしました。

実力を試そう

(1)ゼミとは：ゼミは、学生が主体的に研究テーマを決めた上で、討論などを通して専門的な知識を深め、少人数で進められる、主体的で対話形式の授業である。

(2)講義とは：主に大教室で行われる授業で、教員の説明を聞き、必要に応じてノートをとるのが一般的なスタイルである。

(3)ゼミと講義の違い：

講義：①少人数。
　　　②主に教員主導で進められる。
　　　③概論でも各論でも複数回の授業にわたって知識を網羅的に修得していく。
　　　④これまでの研究者たちによって生み出された知識の吸収に注力する。
　　　⑤個々の学習が軸となる。

ゼミ：①多人数。
　　　②学生の研究発表を中心に、教員や他の学生と討論するなど、双方向のコミュニケーションがある。
　　　③各回ごとに異なるテーマについて深く追及していく。
　　　④新しい知識を自らの力で創造する。
　　　⑤仲間と切磋琢磨しながら目標に向かって努力する。

(4)ゼミでの学び方
　　　①文献講読や先行研究収集
　　　②フィールドワーク

　　　　③発表
　　　　④討論

Ⅰ.文字・語彙・文法

1. (1)たいきょくけん　(2)とくしゅう　(3)じゅうたい　(4)しょるい
   (5)がっしゅく　(6)けいこ　(7)しょうだく　(8)やくわり
   (9)くず　(10)きた

2. (1)勇気　(2)迷惑　(3)連絡先　(4)手話　(5)団体
   (6)未経験者　(7)進学　(8)指示　(9)認　(10)得

3. (1)①検討　②見当　(2)①資格　②四角　(3)①務めた　②勤めて
   (4)①覗く　②除く　(5)①確立　②確率

4. (1) b　(2) d　(3) c　(4) a　(5) d　(6) a　(7) b　(8) b　(9) d　(10) a

5. A (1) c　(2) a　(3) b　(4) d
   B (1) b　(2) a
   C (1) b　(2) a

6. (1) c　(2) b　(3) d　(4) a　(5) a　(6) d　(7) b　(8) c　(9) b　(10) c

7. (1)なら　(2)し　(3)には　(4)に　(5)でも
   (6)に／へ　(7)を、に　(8)だけで　(9)やら、やら　(10)で

8. (1) a　(2) c　(3) b　(4) a　(5) c　(6) a　(7) b　(8) b

Ⅱ.听力

1. (1) b　(2) a　(3) d　(4) b

2. (1)×　(2)○　(3)×　(4)○

Ⅲ．阅读
(1) D　(2) C　(3) B　(4) A

六、学习手册听力录音稿
実力を試そう

　　ゼミは少人数で進められ、学生が主体的に研究テーマを決めた上で、討論などを通して専門的な知識を深めます。討論や発表では、研究成果を論理的に伝える力が磨かれるだけでなく、自分とは異なる意見にふれることで新たな気づきにつながります。グループワークでは各自が自主的に役割を果たすなかで、チームワークの大切さや、自分の強みに気づいていきます。というわけで、ゼミは主体的で対話形式の授業で、多様な意見が刺激になります。

　　一方、講義は主に大教室で行われる授業で、教員の説明を聞き、必要に応じてノートをとるのが一般的なスタイルです。学生たちは、教員が長年にわたって研究してきた分野の専門的な知識を身につけることで、興味の対象を新たに発見するきっかけにもなります。

　　さまざまな教員から知識を得て興味の幅を広げていくことができます。

　　講義とゼミ、その違いをもう少し詳しく言うと、

　　まず、講義は多数の学生へ向けて行いますが、ゼミは小人数で行います。

　　次に、講義では主に教員主導で授業が進められますが、ゼミは学生の研究発表を中心に、教員や他の学生と討論するなど、双方向のコミュニケーションがあります。

　　講義では概論でも各論でも複数回の授業にわたって知識を網羅的に修得していきますが、ゼミでは各回ごとに異なるテーマについて深く追及していきます。

　　もう一つ、講義ではこれまでの研究者たちによって生み出された知識の吸収に注力しますが、ゼミでは新しい知識を自らの力で創造します。

　　最後に、講義は個々の学習が軸となりますが、ゼミでは仲間と切磋琢磨しながら目標に向かって努力することにより、強い絆が生まれます。

　　ここからはゼミでの学び方についてです。その一つ目は文献講読や先行研究収集です。

　　学生全員で同じテキストを読み、内容の要約や発表、発表内容についての話し合いなどを行います。感想や意見は人それぞれ。その違いを認識することが、学びを深める最初の一歩になります。

　　二つ目は、フィールドワークです。教科書に出ていない内容は学外に出て調査し

ます。アンケート項目を考え、積極的に声をかけて質問することも貴重な経験になります。調査結果はグラフなどにまとめ、傾向を分析して発表につなげます。

　三つ目は、発表。自分で集めた資料・データをもとに意見を発信し、自分の考えを論理的でわかりやすいストーリーにまとめます。グラフや画像などを効果的に使用するほか、身振り手振りや、話し方などの表現力を駆使して研究成果をわかりやすく伝えます。

　そして、最後となる4つ目が討論です。他者の意見にも耳を傾け、ときには反論からも学びます。相手を「論破」するのではなく、粘り強く考えをぶつけ合いながら、お互いに学び合います。

テスト

1. (1)質問：Bさんが空手サークルの勧誘を断る理由ではないものはどれですか。

    A：あ、キミ。新入生？　うちの空手サークルに入らない？
    B：僕は2年です。それに町の空手道場にも通ってるんです。
    A：あ、そうなの。でもちょうどいい。ぜひうちのサークルで活動してよ。
    B：あのー、でも僕アルバイトで毎日忙しいので……、それに。
    A：他の大学との合同練習もあるし、年に2回、大会の団体戦にも出場するし、キミの大学生活が充実すること間違いないわよ。
    B：でもー、宿題が山ほど出されてて……。
    A：いろんな国の留学生もいて絶対に楽しいから。ね。さあ一緒に行きましょう。
    B：すみません！　アルバイトの時間なので、失礼します。

    質問：Bさんが空手サークルの勧誘を断る理由ではないものはどれですか。
    a．宿題がたくさんあるから。
    b．新入生だから。
    c．アルバイトが忙しいから。
    d．他の道場に通っているから。

    (2)質問：さくらさんは、写真部の見学に行きますか。

    A：さくらさん、もうどのサークルに入るか決めた？　大学生活といえばサークルだよ。
    B：ううん、まだだけど。
    A：バスケットなんかもおもしろそうだけど、写真部へ行ってみない。
    B：写真って難しそう。カメラも高いし。それに学生会の時間と重なっちゃ

うと思うよ。
A：学生会は月、水、金じゃなかった？
B：それ以外にも木曜日に先生といろいろ作業しなきゃいけないし。
質問：さくらさんは、写真部の見学に行きますか。
　a．学生会があるので行きません。
　b．バスケットが好きなので行きません。
　c．作業が終わってから行きます。
　d．木曜日に行きます。
(3)質問：正しいものはどれですか。
　A：さくらさん、何を見ているんですか。
　B：サークルの広告。漫研に入りたいんだけど、活動日がちょっと合わなくて……、参ったなあ。
　A：マンケンってなんですか。
　B：漫画研究会のことよ。でも、漫画研究だからといって、なにか研究するとは限らないようよ。大体自分達で漫画や小説を書いてるみたい。問題はサークルの時間が6時から8時、ちょっと遅すぎて……。うち、門限が厳しいから、ちょっと無理だわ。
　質問：正しいものはどれですか。
　a．漫研は漫画や小説を自分達で研究します。
　b．漫画や小説が書けないから漫研に入りません。
　c．自分で漫画を書いてみたいから漫研に入りました。
　d．門限があって漫研に入れません。
(4)質問：足りない材料はどれですか。
　A：ジャガイモと人参はそろったし、あと足りない材料はなに？
　B：豚肉は慎吾君が買ってくるんだっけ？
　A：あれ？さくらさんじゃなかった？
　B：さくらさんはカレールーだって言ってたよ。それよりもタマネギは大丈夫？
　A：とっくにそろえてあるよ。あと、ジュースは伊藤先生が担当か。
　B：午前中一緒にスーパーに行って、コーラとスプライトを買ったよ。
　A：果物もほしいなあ。
　B：デザートはアイスクリームがあるからいらないよ。

質問：足りない材料はどれですか。
　　a．タマネギ　　　b．豚肉　　　c．果物　　　d．ジャガイモ

2. A：今回は社会人1年生の大林さんにインタビューしましょう。さて、大林さんは、学生時代、どんなサークルに入っていましたか。

   B：大学より前ですが、中学の時と、高校の途中までは、水泳部に所属していました。

   A：そうだったんですか。種目は何でしたか。

   B：100Mの自由型と中距離の平泳ぎでした。

   A：そうですか。練習は大変だったでしょう？

   B：かなりつらい時もありました。部活では大会のための練習以外に、心臓マッサージや人工呼吸などの救命処置の方法も勉強しました。学校のプールは屋外だったので、冬は市内の室内プールへ、部員全員で行って練習しました。

   A：そうだったんですか。熱心に練習や勉強をなさっていたんですね。そういった中で、どんなことが特に印象に残っていますか。

   B：そうですねえ……、思い出というか……、以前、練習中に足がつってしまって、プールの真ん中で溺れそうになりました。

   A：それは大変でしたね。大丈夫だったんですか。

   B：はい、幸い他の部員がすぐに見つけて、プールサイドに引き上げてくれました。

   A：それは良かったですね。

   B：ええ、それから、ほかにも……。

七、课文翻译

嗨！

（王宇翔在校园里走，遇到了同宿舍的美国留学生迈克。）

王　：啊，迈克，你好。

迈克：嗨！

王　：（王很吃惊）咦，你刚才说什么来着？

迈克：嗨。这是空手道队的问候语。

王　：哦。这是？

迈克：这个呀？这是空手道的训练服，我正要去参加空手道队的训练呢。

第 2 課　サークル活動

王　：哦，空手道？空手道就是那个……

迈克：对，就是那个空手道，一提起日本文化就少不了空手道。

王　：哦，是吗。

迈克：在美国是这样的。美国人觉得只要是日本人就都会空手道。

王　：哦，那中国人呢？

迈克：嗯……中国人的话应该会武术，就是那个有名的Jackie Chan练的那种。

王　：Jackie Chan？是谁啊？

迈克：就是那个香港的电影明星。

王　：啊，成龙吧。

迈克：啊，大概是吧。你会武术吗？

王　：不会，中国人不一定都会武术啊。太极拳我倒是练过一阵儿。

迈克：那你练一下给我看看。

王　：什么？！我是上中学的时候练的，早就忘光了。迈克，你给我练两招空手道吧。

迈克：OK。

（迈克练空手道给王宇翔看。）

王　：真棒！

迈克：怎么样，咱们一起练吧！进了空手道队，朋友也多了，身体也棒了，一起练吧，好吗？

王　：嗯……，可我还没适应日本的生活呢，而且像我这样的新手进去该拖大家的后腿了。

迈克：不会的。你好不容易来日本了，应该什么都尝试一下。

王　：也许是吧……

迈克：训练快开始了，你也跟我一起去吧！走！

王　：嗯……真没办法！好吧，那我就先去看看……（王宇翔勉强同意了，被迈克带到了空手道队。）

② 专刊 社团指南

网球队

　　我们东西大学网球队以"享受网球带给我们的快乐"为宗旨，汇集了酷爱网球的人士。

　　活动内容为每周两次集体训练和个人晨练，此外，大约每两个月举办一次同其他大学的友好比赛。

　　想借此机会挑战网球的朋友，请一定前来观摩一下我们的训练。

　　有无网球基础均可，我们热烈欢迎初学者！！

联系方式：三好学（国际关系学系）
e-mail：J021175m@u-tozai.ac.jp

空手道队

诚招有意愿者！欢迎有空手道基础的人参加！
让我们共同度过一个充实的大学生活吧！

　　我们空手道队的目标是在本地区的团体赛中取得优胜，目前正在积极训练。如果你进入大学后希望尝试与众不同的活动，或打算强身健体，就和我们一起练习空手道吧。

　　无空手道基础者亦可，同时招聘经纪人！

活动地点：武道场
活动时间：周一、二、四、五 17：00—19：00
联系方式：小川（经济学系）/090-0123-4321
〈联系人每周一午休时间均在学生会馆1层的社团活动室。〉

第 2 課　サークル活動

手语社"回声"

在无声的世界里交流！

　　在大学的后半段生活即将开始之际，很多人或许想挑战一下新的事物。大家入学以来，除英语外又开始学习新的外语，视野也随之开阔了。大家是否希望再开辟一个新的语言世界——"手语"？通过手语，我们可以了解无声的世界，也能够拓展自己的世界。

　　那么，趁入学之际，让我们开始学习手语吧！

活动日：每周三 15：00—17：00
活动地点：南教学楼313教室

❤ 除夏季集训外，7月至9月还开展志愿者活动，可自由参加。有兴趣的同学可于活动日前往南教学楼313教室。

留学生之声

迈克·杰森（美国留学生、空手道队副队长）

　　我是国际关系学系三年级的迈克·杰森。我来日本之前就非常关注日本大学的社团活动，一入校便立即观摩了空手道队的训练，当天就加入了空手道队。还在美国时，在朋友的劝说下我练了一年左右的空手道，刚开始的时候对练习方法以及人际关系感到很困惑。

　　不过现在我有了无所不谈的伙伴，我很庆幸加入了空手道队。各位留学生朋友、各位同学，大家鼓起勇气参加社团活动吧。在这里你能结识在课堂上结交不到的朋友，还能了解彼此的语言和习惯。

引自《东西大学校报》

第3課　大相撲

一、教学目标

1. 能使用授受表达方式向对方表达自己的立场和观点，并能表达共情。
2. 能正确把握语篇中的事实以及观点等，且能客观地表达自己的看法。
3. 学会用日语介绍中国的传统体育项目。

二、语言知识点、学习重点及拓展教学提示

1. 语言知识点及学习重点

ユニット1

语言知识点	学习重点
① それで〜んだ〈结果〉 ② さすが〈评价〉 ③ Vている／Vたつもりだ〈主观认识〉 ④ Vばいい〈建议〉 ⑤ Vばいいじゃない〈委婉的建议〉	① 运用「Vている／Vたつもりだ」表达与事实不符的个人认识。 ② 向对方直接或委婉地提出建议。 ③ 运用「Vばいいじゃない」委婉表达自己的看法，避免主观断定。

ユニット2

语言知识点	学习重点
① 〜だけに〈成正比的因果关系〉 ② 〜はもちろん〜（も）〈代表性事物〉 ③ Nをはじめ（として）〈代表性事物〉 ④ Nを抜きにして（は）〈排除〉 ⑤ Vるわけにはいかない〈不可能〉 ⑥ Vる一方（で）／その一方（で）〈另外一种情况〉 ⑦ むしろ〈比较、选择〉 ⑧ 〜際〈时点〉 ⑨ Vてはならない〈禁止〉 ⑩ 〜ほどだ〈程度〉 ⑪ 〜末（に）〈结果〉	① 运用「はもちろん〜（も）、Nをはじめ（として）」举出代表性事物。 ② 运用「Nを抜きにして（は）、Vるわけにはいかない、Vる一方（で）／その一方（で）、むしろ」表达评价或两种不同的观点。

2. 拓展教学提示

(1) 搜集资料，选择一项中国的国粹艺术或传统体育项目，并用日语描述。

(2) 搜集资料，探究日本相扑运动的起源及其发展状况。

三、教学重点

（一）词汇教学重点

1. のこった

「のこった」动词原形是「残る」，助动词「た」在日语中除了表示"过去、完了、完成"之意，还可以表示"祈使、命令"。因该表达简洁且有气势，经常会用在相扑比赛时和商家招揽顾客时。在相扑比赛中，裁判和观众们为了给选手打气，使用「のこった」表达「土俵に残るよう頑張りなさい」之意。一些商家也会高喊「買った、買った」来招揽顾客，表达「うちの店にいらしゃっていろいろ買ってください」之意。

2. 精一杯

「精一杯」意为"竭尽全力；尽最大努力"，多用做连用修饰语或以「精一杯だ」的形式使用。例如：

(1) とんでもない、私はもう、空手だけで精一杯ですよ。

(2) 精一杯頑張ったのですが、できませんでした。

(3) ここまで協力するのが、僕にとっては精一杯だ。

1. 金星（きんぼし）

「金星」是大相扑比赛中授予"三役"等级之外的选手战胜横纲等级相扑力士的奖项。"三役"等级选手（大关、关胁、小结）战胜横纲者不授予金星。因横纲伤病休赛而取得胜利的力士也不会获得金星。相关资料显示，金星最早出现在大正时代，当时击败横纲获得金星的力士会加薪10日元。

（二）语法教学重点

1. Vている／Vたつもりだ〈主观认识〉（→ 📖 条目3）

　　a. 导入该句型时，可先复习在第一册学习过的表达打算、计划的「Vる／Vない＋つもりだ」的用法，重点指出二者在接续方式上的不同。

　　b.「Vている／Vたつもりだ」主要表达两种含义。

　①自己的错觉，即自己以为在做或做了某事，但实际并非如此。

　　(1) メールを送ったつもりだったけれど、送っていなかった。

　　(2) その時、分かったつもりだったけど、分かっていなかった。

　　(3) ダイエットを頑張っているつもりなのに痩せない。

　②他人与自己感受不同，即自己认为的事情他人并不同样认为。

　　(4) 冗談で言ったつもりだったのに、怒られてしまった。

　　(5) 普通に喋っているつもりなのに「怒ってる？」とよく言われる。

　　(6) 自分では一生懸命仕事を頑張っているつもりなのに、周りから評価されないとストレスになる。

2. Vばいい〈建议〉（→ 📖 条目4）

　　「Vばいい／たらいい」用于向他人表达提议、建议，「Vるといい」（第二册第10课）也有类似用法。「Vばいい」含有"只要……就行了"的意思；「Vたらいい」是口语化的表达方式，日常使用较多；「Vるといい」表达的建议有"一般来说，……合适、为好"的含义。

　　以疑问的形式向对方寻求建议时，只能使用「Vばいい／たらいい」，不能使用「Vるといい」，如：

　　(1) ○いつ行ったらいいですか。
　　　　×いつ行くといいですか。

　　(2) ○じゃ、どうすればいいんですか。
　　　　×じゃ、どうするといいんですか。

　　(3) ○事前にどんな準備をしたらいいですか。
　　　　×事前にどんな準備をするといいですか。

　　在较为随意的对话中，「Vばいい」「Vたらいい」可以省略为「Vば？」「Vたら？」的形式。如：

　　(4) A：これ、おもしろそうですね。

B：うん、やってみたら？簡単だよ。

(5) A：海外旅行に行きたいなあ。

　　B：じゃ、行けば？

　　A：お金がない。

「Vばいい」「Vたらいい」「Vるといい」还可以表达愿望、希望。如：

(6) 週末は花火大会だから、雨が降らなければいいなあ。

(7) いつかまた会えたらいいな。

(8) 早く冬休みになるといいね。

ユニット2

1. ～だけに〈成正比的因果关系〉（→ 条目1）

　　该句型表达从前句的原因、理由推测出与之相匹配的、必然的结果。除表达"相应地……"的意思外［如(1)(2)］，当结果为期待的结果或意料之外的结果时，带有"更加，更进一步"的含义，如(3)(4)。

(1) 学生たちは若いだけに行動も早い。

(2) 有名観光地だけに週末や休日は大混雑だ。

(3) 前から楽しみにしていただけに大満足でした。

(4) 一生懸命頑張っただけに、｛○合格できてうれしかった　○失敗してショックだった｝。

2. ～末（に）〈結果〉（→条目11）

　　该句型前句经常与「何度も／いろいろと／さんざん／長い時間」等副词搭配使用，后句经常与「やっと」「結局」「ようやく」「ついに」等副词搭配使用，带有说话人"（好不容易）最终……"的感情色彩，如：

(1) 3時間も並んだ末に、ようやく入館できた。

(2) 長年努力した末に、ついに開発に成功した。

(3) 家族で何度も話し合った末に、手術を受けることにした。

注意该句型不用于表达一次性或轻易达到的结果，也不用于表达自然现象或客观事实。如：

(4) みんなで話し合った｛×末に　○結果｝、一緒に餃子を作ることになった。

(5) 連日大雨が降った｛×末に　○結果｝、土石流が起こった。

四、教材练习答案

A　内容確認

(1)モンゴルの出身です。

(2)モンゴルにも相撲があるからです。

(3)木村さんが応援したのは千代乃花で、王さんとマイクさんが応援したのは朝の海です。勝ったのは、朝の海です。

(4)いいえ、王さんは空手だけで精一杯だと感じていますから、相撲をしてみようと思っていません。

(5)何度も負けるのは横綱らしくないと考えていますし、日本人の力士にもっと頑張ってほしいと思っているからです。

(6)木村さんが応援したのは若の富士で、王さんとマイクさんが応援したのは北星山です。勝ったのは、北星山です。

(7)木村さんは、王さんもマイクさんも外国人力士のファンだと思いました。

(8)マイクさんは、好きな力士なら、出身に関係なく誰でも応援したいと考えていますが、王さんは、マイクさんと違って外国人力士を応援したいと考えています。

(9)三好さんは、3人がそれぞれ自分の好きな力士を応援すればいいと思っています。

B　文法練習

1.
(1)さすが
　①a　　②a　　③国土が広いですねえ

(2)Vている/Vたつもり
　①b　　②b　　③仕事はなかなか進まない

2.
(1)みんなに笑われても、気にしなければいいじゃない

(2)ネットで検索すればいいじゃない

(3)マンションの管理人に言えばいいじゃない

(4)あの人はいったい誰なのかを聞けばいいじゃない

C 会話練習
☞ ポイント1
ここをおさえよう！
(1) 王さんははっきりとは断定しませんでした。
(2) 質問の答えを正確には知らなかったからです。直接調べたのではなく、人から聞いたことがあるという程度の知識だからです。また、情報に確信があっても、断定できる絶対的立場にはないという態度を表明するため、断定を回避するのが一般的です。自分が上から目線で言わないため、相手への圧迫感を避けることができます。また、事実と違っていた時に、責任を回避することもできます。

♣言ってみよう！
(1) 今日はたぶん欠席すると思うけど。
(2) たぶん風邪だと思うけど。
(3) 確か794年だと思うけど。
(4) たぶん四川省や陝西省などにしかいないと思うけど。
(5) たぶん、日本語より中国語のほうが難しいと思います。
(6) 確か北京出身の力士がいるんじゃないかと思うけど。
(7) 確か、高橋さんは王さんの彼女じゃないかと思うけど。
(8) たぶん、寂しくなったんじゃないかと思うけど。
(9) 確か秦の時代に建造されたんじゃないかと思うけど。
(10) たぶん来月行われるんじゃないかと思います。

解説：
「たぶん」：大した根拠がないが、おそらく断定して良いと思う場合
「確か」：その情報を得た記憶はあるが、よく覚えておらず、曖昧である場合
「〜と思うが」：そうではない可能性も否定しない、という場合

☞ ポイント2
ここをおさえよう！
(1) 朴さんは韓国チームを応援しています。
　　「ゴールを決められて」「何回もゴール決められそうになって」：受身表現によって、被害・迷惑の立場を表明しています。

「キムが２点も入れてくれたんですよ」：受益表現によって、立場を表明しています。

(2)特にどちらかを応援する表現を使っていないので、どちらのファンだとはいえません。

♣ 言ってみよう！
(1)雨が降ってくれて
(2)雨にふられて
(3)晴れてくれる
(4)かぎがかけられて
(5)点を入れてくれて
(6)点を入れられ
(7)出されて
(8)新入部員がおおぜい入ってくれて
(9)相手がサーブをミスしてくれて
(10)選手が頑張ってくれて

正しいのはどっち？
①負けちゃったんだ、②ブラジルに取られて、③ミスされて、④決められて

☞ ポイント３
ここをおさえよう！
(1)受けると思います。（「じゃ、やっぱり僕も受けてみようかな。」）
(2)期待どおりになりませんでした。
(3)「つもりだった」：そうしたい気持ちがあったが、実際はそのようにできなかったという、反事実的な表現です。
　　「自分では頑張って勉強してきたつもりだったんですけど」：事実はそうではないかもしれないけど、自分はそうなっているような気持ちです。
(4)マリーさん自身の意志、意向を表しているからです。「せっかくの機会だから受けてみるつもりです」。
(5)「つもり」は話し手個人のもつ、外からは窺い得ない真意や既に固まった確実な予定、意向などを表わす言葉です。そのため、聞き手に「～するつもり（です）か」と尋ねると、相手の心に踏み込んだ表現になってしまいます。

♣言ってみよう！
(1)出るつもりだったんだ
(2)終わらせるつもりだったんです
(3)行かないつもりだった
(4)ここに入れたつもりだったんだ
(5)頑張ったつもりです

正しいのはどっち？
①勝つつもりだった、②決められて、③行くつもりだった

A 内容確認
1.
　(1)①伝統　②しきたり
　(2)①伝統　②しきたり　③外国人力士　④横綱
　(3)⑤相撲の世界に入る若者が少なくなった　⑥相撲が国際化している
　(4)⑦国際化　⑧ハワイ　⑨親方　⑩大関

2.
　(1)外国人力士が大活躍しているからです。
　(2)筆者は相撲界での外国人力士の活躍を喜ばしいことだと考えています。
　(3)自分より若い力士でも先輩とみなさなければならないというしきたりや、厳しい稽古などの苦労です。
　(4)金星12個です。

B 文法練習
1.
　(1)〜だけに
　　①a　　　②a　　　③彼の気持ちがよく分かる
　(2)〜はもちろん〜（も）
　　①a　　　②a　　　③作るのも大好きです

(3) Vるわけにはいかない
　　①a　　②b　　③ジーンズで行く
(4) Vる一方（で）／その一方（で）
　　①b　　②a　　③さびしいと思う
(5) むしろ
　　①a　　②a　　③新しいのを買ったほうが得だ
(6) ～末（に）
　　①b　　②b　　③希望の大学に進学できた

2.
(1) Nを抜きにして（は）
　　①インターネットを抜きにして情報化社会を論じる
　　②は日本史を抜きにして語れない
　　③携帯
(2) Nをはじめ（として）
　　①AIをはじめ、革新的な技術が
　　②北京ダックをはじめとする中華料理
　　③同級生
(3) ～際
　　①緊急の際は
　　②購入する際には、身分証明書が必要です
　　③お降りの
(4) Vてはならない
　　①外見で判断してはならない
　　②お客様に対する感謝の気持ちを忘れて
　　③少子高齢化
(5) ～ほどだ／～ほど～
　　①風が強くて、目を開けていられない
　　②時間が経つのを忘れてしまう、楽しかった
　　③面接の結果

3.　(1) 生き　　(2) 走り　　(3) 守り

第3課　大相撲

五、学习手册答案

会話文のまとめ

　　王さんは大学の仲間と一緒に東京両国の新国技館に相撲を見に来ています。

　　王さんたち留学生がハワイとモンゴル出身の力士を応援したら、木村さんにもっと日本人力士を応援してほしいと不満を言われました。

　　スポーツ観戦すると、自分の国への「帰属意識」が高まると言われていますが、むきになっている木村さんを見ると、確かにそうだなと思いました。

　　異文化理解力について考えさせられるような場面です。

実力を試そう

下面是对冠军力士的采访。

记者：好，有请时隔6个赛季、第8次夺冠的高之富士。恭喜您。

力士：谢谢。

记者：掌声雷动。您现在有什么样的感受呢？

力士：嗯，真的夺冠了吗？

记者：还无法相信吗？

力士：夺冠真的是非常困难的事情。经历了手术，终于可以复出，真的很高兴。

记者：您这次是以怎样的心情登上赛场呢？

力士：比赛开始后的15天里，我一直努力战斗，全力以赴地奋斗到最后。

记者：这次比赛您作为横纲回归，国技馆也每天都座无虚席。您对这种氛围有什么感受？

力士：嗯，如果没有前来国技馆支持我们的观众，我们自己也不会有激情，相扑也没有意义……所以听到大家的声援，我觉得很开心，也觉得努力是值得的。

记者：那么您的下一目标，干脆地说，是什么？

力士：当然，我的目标是夺冠次数上两位数，但首先，为了下一场比赛，我想好好照顾自己的身体，努力奋斗。

记者：下一场比赛将在名古屋举行，我们也期待着强大的横纲高之富士的英姿。我们等着您。

力士：谢谢。

记者：谢谢。以上是横纲高之富士的访谈内容。

Ⅰ. 文字・語彙・文法

1. (1)りきし (2)せんくしゃ (3)どひょう (4)おやかた (5)むちゅう
   (6)こゆう (7)とりくみ (8)せいいっぱい (9)ふく (10)そだ

2. (1)施設 (2)昇進 (3)地位 (4)記録 (5)遠慮
   (6)人前 (7)横綱 (8)入門 (9)倒 (10)語

3. (1) b (2) a (3) c (4) d (5) c (6) d (7) b (8) a (9) c (10) a

4. (1) b (2) d (3) c (4) d (5) a (6) c

5. A (1) a (2) b   B (1) a (2) b
   C (1) a (2) b   D (1) b (2) a
   E (1) b (2) a   F (1) b (2) a

6. (1) b (2) b (3) a (4) b (5) c (6) d (7) d (8) a (9) a (10) b

7. (1)に (2)で (3)まで／をも／さえ／すら (4)の(に) (5)の
   (6)に (7)こそ (8)に (9)だけに／ゆえに (10)よりも

8. (1) a (2) a (3) c (4) d (5) b (6) a (7) a (8) a (9) b (10) d

Ⅱ. 听力

1. (1) d (2) b (3) c (4) b

2. (1) × (2) × (3) ○ (4) ×

Ⅲ. 阅读

○大相撲は日本古来のスポーツである。
○大相撲では多くの外国人力士が活躍している。
○ハワイ、モンゴル、アルゼンチン、ブラジル、ヨーロッパと、外国人力士の出身地は多彩である。
○横綱の白鵬、日馬富士、鶴竜、朝青龍はいずれもモンゴル出身である。

○高見山や小錦などのハワイ出身力士や、横綱だった白鵬や日馬富士などのモンゴル出身力士など、その出身地は多彩である。
○角界全体では20人近くのモンゴル出身力士が活躍をしている。
○昔から外国人力士が全員モンゴル出身というわけではなかった。
○モンゴル出身の力士が活躍するようになったのは2000年代以降である。
○2000年代以前はアメリカ、とりわけハワイ出身の力士が中心であり、ヨーロッパ出身の力士も活躍していた。
○外国人力士が初登場したのは1964年のことである。
○外国籍を持つ力士として初めて土俵に上がったのはハワイ出身の高見山である。
○いろいろな国で相撲が愛されている。
○外国人力士が活躍することで、世界各国の人々が日本の相撲に興味を持ってくれるのは喜ばしいことである。

六、学习手册听力录音稿

実力を試そう

——ここからは優勝力士へのインタビューです。
——それでは6場所ぶり、8回目の優勝の高ノ富士関です。おめでとうございます。
——ありがとうございます。
——ものすごい拍手です。今、どんなお気持ちでしょうか。
——ええ、ほんとうに優勝したのかなと。
——まだ信じられませんか。
——優勝するのは本当に難しいことです。手術して、やっと復帰できて、本当に嬉しいです。
——どのようなお気持ちで土俵に上がったのでしょうか。
——場所が始まってから15日間はしっかり戦おうと、最後まで気を抜かず頑張ってきました。
——今場所は横綱が戻ってきて、ここ国技館が連日満員となりました。この雰囲気、どのように受け止めていらっしゃいましたか。
——そうですね。こうやって国技館に足を運んでくださる方々がいなければ、自分らも盛り上がらないですし、相撲をやる意味がないって……。だから、みなさんからの声援を聞いて、頑張ってよかったなと思います。
——次に向けての目標は、ずばり、何でしょうか。

——もちろん、2桁優勝というのが自分の目標ですけど、まずは、次の場所に向けて、体と向き合って、頑張りたいと思います。
——来場所は名古屋で、また強い横綱の姿を待っています。楽しみにしています。
——ありがとうございます。
——ありがとうございました。以上、高ノ富士関でした。

テスト

1 (1) 質問：正しいものはどれですか。
　A：先生、週末クラスメートと相撲を見に行くんですが、先生も一緒にいかがですか。
　B：田中君、残念だなあ、ちょうどさっき予定が入ってしまって……。
　A：そうですか、もうちょっと早く言えばよかったなあ。
　B：アンディさんたちも行くの？
　A：はい、日本語学科の留学生達を連れて行くんです。相撲は日本の国技ですから、みんなに紹介したくて。実は僕も今までテレビ放送ばかりで、実際に生で見たことはないんですが。
　B：それで昼休みにみんな相撲のことを話してたんだね。国技館の周囲にはちゃんこ鍋の店がたくさんあるから、終わったらみんなで食べてくるといいよ。ちゃんこ鍋は、いろんな材料が入っていて、元気が出るよ。
　A：はい、是非そうします。みんな日本の料理が好きみたいですから、きっと大喜びすると思います。
　質問：正しいものはどれですか。
　a．先生は今週末予定が入っていません。
　b．相撲を見る前にちゃんこ鍋を食べに行きます。
　c．留学生だけで相撲を見に行きます。
　d．田中さんは国技館へ行ったことがありません。
(2) 質問：正しいものはどれですか。
　A：斉藤さ～ん。
　B：あ、アンディさん
　A：この前話した相撲を見に行ってきましたよ。
　B：良かったですね。どうでしたか。面白かったですか。
　A：ええ、とっても。アルバイトを休んで行ったかいがありました。ところで、力士達は、どうして相撲をとる前に足を高く上げて土俵を強く踏むん

ですか。
B：ああ、あれは四股というのを踏んでいるんですよ。「四股（しこ）を踏む」という動作には、地面を踏み鎮めたり、大地を目覚めさせて豊作を祈ったり、邪気をはらったりなどの意味があるそうです。
A：そうだったんですか。
B：相撲はサッカーや野球のような単なる競技ではなくて、儀式の意味合いもあるからなんです。あと、相撲に関係したいろいろなことわざもありますよ。「相撲にならない」というのは実力に差がありすぎるという意味で、「相撲に勝って勝負に負ける」というのは、物事を順調に進めていたのに、成功しそうな一歩手前で失敗してしまうという意味です。
A：なるほど、勉強になるなあ。
質問：正しいものはどれですか。
　a．アンディさんは相撲に勝って勝負に負けました。
　b．アンディさんは相撲を見るためにアルバイトを休みました。
　c．「相撲にならない」というのは相撲ができないことです。
　d．相撲はサッカーや野球と同じで、単なる競技の一つです。
(3)質問：正しいものはどれですか。
　A：皆さん相撲が気に入ったみたいですね。相撲はなんと言っても日本の国技ですから、いろいろ調べておいて損はありませんよ。
　B：先生、お相撲さんのあの髪型はなんと言うんですか。とても独特な形ですね。
　A：あれは髷（まげ）というんですよ。腰に巻いているのはまわしと言います。
　B：ルールは相手を外に押し出せばいいんですか。
　A：それも勝ち方の1つです。あの場所は土俵というんですが、その外に出たら負けです。それから土俵の中にいても、足の裏しか土につけてはいけません。手やひざがついたり、転んだりしても負けです。
　B：誰でも力士になれるんですか。
　A：いえ、力士になれるのは男性だけで、女性はなれません。男性であっても、義務教育を終えていること、身長が173cm以上あること、体重が75キロ以上あること、という条件があります。新しく弟子になった人は、実際の練習だけでなく、相撲教習所で相撲の歴史やスポーツ医学、書道や詩吟なども勉強しなければならないんです。

B：大変なんですね。

質問：正しいものはどれですか。

　a．力士が腰に巻いているものを髷といいます。

　b．力士の髪型をまわしといいます。

　c．女性は身長が173cm以上あっても力士にはなれません。

　d．新しい弟子は歴史や運動力学などを勉強しなくてもかまいません。

(4)質問：正しくないものはどれですか。

A：いよいよ始まりますね。

B：そうね。見て、アンディさん。向こうの観戦席に親子連れの人がいるよ。

A：あっちにはおじいさん達がいますね。いろんな人が相撲を見に来ていますね。

B：うん。いろんな年齢層の人たちが見てるね。

A：相撲を見るのはお年寄りばかりだと思っていました。

B：ううん、そんなことないよ。若い人も子供たちも見に来てるよ。でも、ずっと昔、江戸時代には女性は相撲を見ることさえできなかったそうよ。今でも表彰状の授与式で、女性が土俵に上がるのは許されてないくらいだから。

A：そうなんですか。でも、今日は女性も大勢来ているみたいですが。

B：今はもう誰でも観戦できるのよ。確か、明治時代から認められたはず。

A：なるほど。じゃあ女の人が相撲をしたい時はどうするんですか。

B：それは女相撲っていうのがあるのよ。子どもがするのはわんぱく相撲。腕だけで勝負するのは腕相撲。これは英語でアームレスリングね。

質問：正しくないものはどれですか。

　a．今も昔も女性が土俵に上がることはできません。

　b．土俵の上で、腕だけで勝負するのを腕相撲といいます。

　c．今日は親子連れも年配の人も来ています。

　d．明治時代から女性も観戦できるようになりました。

2．録音を聴いて、内容と合っていれば〇、間違っていれば×を書きなさい。

A：先生、外来語は難しいですね。特にスポーツに関する言葉は本当に覚えにくいです。

B：そうですね。外来語は慣れるとすぐに理解できるんですが、特にカタカナで表記するものは、はじめのうちは苦労するでしょうね。例えば、ペンとかコ

ンピューターとかは簡単ですけど、スポーツ用語は一般の留学生には耳慣れないものがほとんどじゃないでしょうか。

A：はい、スポーツのニュースを聞いていてもよくわからなくて、聞きとれないことがよくあります。

B：ゴルフとかバスケットボールとかマラソンとかいった、よく聞くものは難しくないでしょう。でも、セーフとかアウトとか、ストライク、バッター、ヒット……、これは野球の用語ですが、こういうものは興味がなければ自分では調べません。日本語の教科書に出てこないカタカナの外来語は、実際には相当な数にのぼりますよね。

A：私は母国でも野球をほとんど見たことがなかったので、母語でも分かりません。

B：野球の言葉はともかく、よく使われるものは覚えておいたほうがいいかもしれませんね。「スポーツマン」というのはスポーツの選手やスポーツの得意な人のことだし、「スポーツマンシップ」はスポーツマンが取るべき正々堂々と勝負する態度のことです。その他に、「彼はスポーツマンタイプの男だ」といったら、筋肉質で大柄な人のことを表しています。

A：どうして漢字やひらがなで外国の言葉を翻訳しなかったんですか。

B：もちろんそういうのもありますけど、わざわざそうやって翻訳するんじゃなくて、できるだけそのまま使ったほうが便利だし、言葉の雰囲気も出るからじゃないでしょうか。それに、厳密に言ったら「問題」とかの漢語も外来語ですし、世界中で他国の言葉を取り入れない文化なんて存在しませんよ。中国語にも英語にも「特売」とか「ＴＳＵＮＡＭＩ（津波）」などといった日本語がたくさん入っているでしょう。

B：そういえばそうですね。

七、课文翻译

加油！

（王宇翔、迈克、三好、木村来到位于东京两国地区的新国技馆观看相扑比赛。）

王　：咦，下一位选手好像不是日本人呀。

迈克：对，朝海是夏威夷人。

王　：哦，是吗。

迈克：嗯，不过现在最厉害的还要数蒙古选手。

三好：特别是北星山，谁都赢不了他。

王　：蒙古好像也有相扑运动。

迈克：哦哦，怪不得蒙古选手厉害呢。

王　：那个北星山比日本选手还厉害吗？

木村：当然了！日本的选手得努力加油了。

三好：下面对阵的可是朝海和千代花啊！

木村：千代花！不能输啊！

裁判：加油！没完呢！

迈克：好！朝海，就是那儿！推啊，推啊！

王　：朝海先生，请你加油啊！

三好：王宇翔，不用说得那么斯文。

王　：哦，是吗，那我就随便说了。

裁判：朝海胜！

迈克：太棒了！

木村：啊，千代花太被动了，一直被对方推，结果输了。

迈克：王宇翔，好像没有中国选手吧。

王　：不，其实是有来自北京的选手的。

迈克：哦，是吗？到底是王宇翔呀，知道得还真多。王宇翔，怎么样？你不想练练吗？

王　：算了吧，光练空手道就够我受的了。

三好：哎，马上该到蒙古的北星山了！

木村：若富士今天可得赢啊！得有个横纲的样儿。

王　：北星山，加油！

迈克、木村、三好：咦？！

裁判：北星山胜！

王　：太棒了！

迈克：赢了！赢了！好悬啊，真替他捏了把汗。

三好：嗯，横纲摔得不错！

木村：我说，王宇翔和迈克，你们俩都是外国选手的粉丝吗？

王　：啊？不，不是的。

木村：你们该多给日本选手加油啊……

迈克：嗯……，只要是我喜欢的选手，我都给他加油。

王　：不过确实是有点想向着外国选手。

三好：好了，好了，别在意，支持自己喜欢的选手就行了。

2 活跃在日本的外国相扑选手

在东京有一处专为举办相扑比赛而修建的体育设施——国技馆。正如"国技馆"这一名称所表示的那样，相扑是日本特有的体育运动。也正因为是"国技"，所以相扑运动有各种各样的传统和规则。例如，选手们要像古代人一样将发髻绾起，在日常生活中也常穿和服。在相扑界，选手自不必说，就连裁判和叫场的人，只要是和比赛相关的工作全部由男性承担，女性是连相扑台也不能上的。

近年来，活跃在相扑界的外国选手格外引人注目。相扑选手的最高级别"横纲"近几年都不是日本人，是来自蒙古的横纲一直引领着相扑界。级别仅次于横纲的是"大关"，有好几位大关都是日本人，在每次比赛中人们都期待着他们能够晋升为横纲，但他们还是很难战胜横纲。不仅是横纲，"幕内""十两"以及级别更低的相扑选手中也有很多来自蒙古、中国、韩国、俄罗斯、保加利亚等地的外国选手。希望从事相扑运动的日本初学者越来越少，在这种现状下，抛开外国选手相扑就无从谈起了。

对于这一现象，社会上有各种说法。有人认为这是由于日本变得相对富裕了，过去很多人为吃饱饭而从事相扑运动，现在这样的年轻人已经很少了。还有人认为，这是由于人们不愿意在众人面前赤身裸体的意识越来越强了。也有人认为这是由于相扑运动同柔道一样正在走向世界。从国际化的观点来看，外国选手在日本相扑界大显身手，这也是一个可喜的现象。

谈起来自外国的相扑选手，就不能不提来自夏威夷的高见山。高见山19岁时进入相扑界。相扑界中有这样的规矩，哪怕是15岁的选手，只要级别高于自己，也要视为前辈，高见山曾为此而感到困惑，也曾因相扑特有的艰苦训练而流过泪，他历尽艰辛，终于几度荣升为级别仅次于横纲和大关的"关胁"。当他还是"平幕"时便多次战胜"横纲"，从而获得12颗金星，至今这仍是最高记录。高见山以其巨大的身躯和灵巧的动作成为深受人们喜爱的相扑选手，他40岁引退之后又成为颇受欢迎的电视广告明星。他经过再三考虑加入了日本国籍，成为了相扑教练并培养了第一位外国国籍的"大关"。高见山堪称相扑运动国际化的先驱，抛开他我们要谈论相扑界外国选手的历史简直无从谈起。

第4課　東京での再会

一、教学目标

1. 在赠送礼物等场景时，能根据情景及对方的身份等切换语体。
2. 能读取语篇中作者的观点，学习如何表达对身边事物的看法。
3. 培养国际视野，能理解并尊重不同文化。

二、语言知识点、学习重点及拓展教学提示

1. 语言知识点及学习重点

ユニット1

语言知识点	学习重点
① ～もかまわず〈无视〉 ② よく～〈评价〉 ③ ～わけじゃない／ではない〈否定〉 ④ ～ものだから〈理由〉 ⑤ ～に比べて〈比较〉	① 运用「～わけじゃない／ではない、～ものだから」陈述理由、表达观点。 ② 运用「～に比べて」说明不同事物的区别。 ③ 在向对方表达感谢时，运用不增加对方心理负担的表达策略。

ユニット2

语言知识点	学习重点
① ～かのようだ〈印象、比喻〉 ② V（さ）せられる〈不由自主的行为〉 ③ Nからすれば〈判断的角度〉 ④ ～からこそ〈凸显原因〉 ⑤ ～ということだ〈间接引语〉 ⑥ ～とか〈不确切的间接引语〉 ⑦ Vることはない〈无必要〉 ⑧ ～ばかりか〈附加、递进〉 ⑨ まで〈极端的事例〉 ⑩ すなわち〈换言之〉	① 通过「～ということだ、～とか、Nからすれば、～からこそ」等表达方式，读取语篇中作者的观点。 ② 运用「Nからすれば、～からこそ、Vることはない」等，表达自己对某一事物的看法。

2. 拓展教学提示

(1)搜集资料，对比分析中国和日本在赠送礼物时有哪些差异。

(2)搜集资料，讨论作为社会公民的职责，应当遵守的规则等。

三、教学重点

（一）词汇教学重点

1. 敬语动词

本单元中主要的语法点之一是"语体的下降转换"，在高桥妈妈、高桥以及王宇翔的语言中均出现了这样的转换，王宇翔因为一直在学校跟自己的学长说话使用敬体，本单元对话中并没有出现这样的语体转换。不过，本单元对话内容中出现了大量的敬语动词及敬语句型，教师可以在课堂上让学生找出这些动词和句型，加强理解，争取在实际对话中也能够熟练使用。例如，在第1课第一单元出现的「見える」，在本单元中又一次出现了，可以让学生回顾并对比一下两种不同场景。

本单元中出现的敬语动词及敬语句型还有如下这些：

(1)挨拶は後にして、どうぞお上がりください。

(2)中国の緑茶なんですが、どうぞ皆さんで召し上がってください。

(3)さあ、どうぞ、おかけになって。

1. 目がいく

「目がいく」意为"（因在意而）看"。教师在课堂上可以引导学生思考，在日语中，有很多身体部位名词参与构成固定搭配的词组（「コロケーション」），这些搭配形式体现了人类利用对自己的身体认知来形象地进行表达，既与词义的转换、扩张有关，也跟认知语言学有着千丝万缕的联系。进入二年级学习后，教师可以在课堂上有意识地鼓励和引导学生设计大学生创新创业题目设计甚至未来的毕业论文设计，身体部位名词的固定搭配形式是一个不错的选择。

身体部位名词	固定搭配示例
目	目がいく、目に入る、目につく、目を通す、目からうろこが落ちる……
口	口に合う、口をきく、口に出す、口にする、口が軽い、口を滑らす……
鼻	鼻を打つ、鼻を突く、鼻を鳴らす、鼻が高い、鼻につく、鼻にかける……
耳	耳が遠い、耳が早い、耳が肥える、耳にする、耳に留める、耳を澄ます……
頭	頭が速い、頭を抱える、頭に来る、頭を下げる、頭を冷やす、頭を掻く……
足	足を抜く、足を運ぶ、足を洗う、足が出る、足が付く、足を伸ばす……
手	手を取る、手を引く、手を出す、手に入る、手にする、手を組む……

2. 振る舞う

「振る舞う」在本课中的意思是"举止；举动"，其名词形式为「振る舞い」。

(1) 公の空間なのだから常に公を意識して振る舞わなければならないという主張と、公の中に個人の空間があってもいいという私の考え方の間には、根本的なずれがあるのではないでしょうか。

(2) 弟は甘やかされて[甘やかす：娇惯；溺爱]育ったので、いつも自分勝手に振る舞う。

(3) 旅行中、彼女の勝手な振る舞いに困ってしまった。

（二）语法教学重点

1. よく～〈评价〉（→📖条目2）

这个句型的谓语通常是可能动词、动词的可能态或者含有结果意义的动词。另外，本句型有强烈的"讽刺、责备"的语感，教学时请注意强调这一点。有时句末也会使用「ものだ」与「よく（も）」呼应，加强感叹、惊愕的语气。例如：

(1) よくもこんな図々しい嘘がつけるものだ。

(2) よくも先生に向かって、そんなことが言えたものだな。

2. ～わけじゃない／ではない〈否定〉（→📖条目3）

a. 本册1—3课分别学习了三个与「わけ」相关的句型，「～わけだ」「～わけではない」「～わけにはいかない」。除此之外，还有一个很常用的句型「～わけがない」。讲授本句型时建议做一个阶段性的小结，以加强巩固所学的知识。

b. 这一组句型中，「～わけだ」是最基本的形式，表示根据前项所述的事实，理

应得出后项的推论结果。如：

(1) 出掛けるとき1万円持っていった。帰ってから財布を見たら3千円しか残っていなかった。7千円使ったわけだ。

c. 其余的三个句型都是否定形式，比较容易混淆，建议先从意思差异较大的「〜わけにはいかない」入手。这个句型表示说话人主观的意志，强调"不好不这么做""不得不这么做"，意思用法与「〜なければならない」比较接近。

(2) 来週試験があるから勉強しないわけにはいかない。

d. 「〜わけではない」与「〜わけがない」的区分难度较大。二者的差别在于否定语气的强度，「〜わけではない」相当于"并非……"，否定的语气比较缓和；而「〜わけがない」意为"没有……的可能"，是语气强烈的否定。以下给出一些例句供讲解时参考：

(3) 欲しくないわけではないが、高いので買えません。

(4) 父親の身長が高いからと言って、必ずしも子どもの身長が高いわけではない。

(5) 甘いものばかり食べているのだから、やせるわけがない。

(6) 台風がだんだん近づいて来るのだから、明日、晴れるわけがない。

1. Nからすれば〈判断的角度〉（→ 条目3）

「からすれば」有两种用法，除了教材中"表示从某人的角度进行判断"的用法外，还可以用于表示"基于某一标准进行判断"，此时，「から」前接的N不是表示人或组织的名词，通常是「年齢、値段、立場、様子、実力」之类的抽象名词。例如：

(1) 親の立場からすると、子どもには勉強もスポーツも頑張って欲しいです。

(2) 彼女の年齢からすれば、結婚して子どもがいてもおかしくない。

(3) 二人の様子からすると、喧嘩したのかもしれません。

2. 〜からこそ〈凸显原因〉（→ 条目4）

「からこそ」是强调原因的句型。由「から」衍生出的句型很多，课堂上可以引导学生做一下归纳整理。

(1) 責任者が謝罪したからこそ事態は丸く収まったのだ。（正因为……）

(2) 責任者が謝罪したからといってすべてが解決したわけではない。（虽说……并非就……）

(3)責任者が謝罪したからにはこちらにも妥協が必要だ。（既然……）
(4)責任者が謝罪しなかったものだから住民側は激怒した。（由于……）

四、教材练习答案

A 内容確認
(1)町の清潔さと、電車の女性専用車です。
(2)車内での化粧に二人とも驚いていました。
(3)たくましくなったし、日本語が上手になったと高橋さんのお母さんは思ったようです。
(4)いいえ、友人に強引に誘われてしまったからです。
(5)王さんはいつも空手部の先輩に対して敬語を使っているからです。

B 文法練習
1.
 (1)～もかまわず
  ①a　　②b　　③母は迎えに来てくれました
 (2)よく～
  ①a　　②a　　③黙っていられませんね

2.
 (1)～ものだから
  ①途中で大渋滞があった
  ②行けなくてすみません

3.
 (1)～わけじゃ/ではない
  ①みんな同じことを考えている
  ②の本が読む価値がある
  ③初めから日本語が上手に話せた
 (2)～に比べて
  ①10年前に比べて生活はよくなった

②「趣味第一」と考える学生に比べて

③SNSに動画を投稿する人が増加している

C 会話練習
☞ ポイント1
ここをおさえよう！
(1)王さんは先生と話す時文体をダウンシフトしませんでした。先生との会話ですから、丁寧体で話すのが適切です。高橋さんに答える時は、ダウンシフトしています（うん）。
(2)高橋さんは先生と話す時文体をダウンシフトしませんでした。先生との会話ですから、丁寧体で話すのが適切です。王さんに話している時は、ダウンシフトしています（でも、今年は帰れないよね）。
(3)吉田先生は文体をダウンシフトしませんでした。高橋さんと初対面ですから。
(4)王さんと高橋さんは親しい間柄なので、先生の研究室を出た後、たぶんダウンシフトして話したと思います。

♣言ってみよう！
(1)
　① どうぞ、こっち（ここ）に座って。
　② 悪いけど（ちょっと）、これを見てくれる？
　③ １週間に３日ぐらいアルバイトをしているの。
　④ 北京ではいろいろありがとうね。
　⑤ ええ、いつか富士山に登りたいなと思っているの（思うんだ）。
　⑥ A：今晩、何か予定ある？
　　 B：ううん、特に。
(2)
　①熱があって行けなかったのです（行くことができませんでした）。
　②A：土曜日はいつも図書館で勉強しているんですか。
　　 B：いいえ、たいてい寮の学習室で勉強しています。
　③来年は留学できる人が３人になると聞きましたが、本当ですか。
　④お待たせしました。申し訳ありません。
　⑤毎朝、何時ごろ大学に来られますか。（敬語）
　⑥あのう、この言葉の意味、教えていただけませんか。（敬語）

正しいのはどっち？

①残っていたんですか　　②うん　　③勉強しているんですけど
④案内しているんです　　⑤お噂は伺っています　　⑥何、話したんだ？
⑦送ってくれた　　⑧そんなことないですよ　　⑨そうですか

☞ **ポイント2**
ここをおさえよう！
モデル会話1
渡すとき：「よろしかったらどうぞ」「お口に合うといいんですが」
もらったとき：「わあ、どうも、すみません」「私、ジャスミン茶が好きで食後に
　　　　　　　　よくいただくんです。どうもありがとう」

　先生との会話。先生の心理的負担にならないように気を使っています。恩着せがましく思われないように、贈答にまつわる苦労などを話していません。
　もらった時もうれしさと感謝の気持ちを伝えています。

モデル会話2
渡すとき：「これ、北京のおみやげ」「王さん、この中国飯店のお菓子、大好き
　　　　　　だったよね」「北京を発つ前の日に、ワンフーチンに買いに行った
　　　　　　のよ。」
もらったとき：「わあ、ありがとう。」「えー、わざわざ行ってくれたの？じゃ、
　　　　　　　　早速いただきまーす。」

　親しい学生同士の会話。おみやげを買うのにどんなに心をこめたか表現して、好意や親しさを表わしていますが、親しい間柄であるため、相手に不快感を与えることはありません。
　もらった時も素直に喜んでいます。

A　内容確認

1.
第2段落
　　女性　男性
第3段落
　　女性の意見：自分が会う人に対して恥じらいも敬意も感じるからこそ化粧をする

ということだ。また、周りにいる乗客が人として意識されず風景のようなものになっている。

第4段落

　男性の意見：社会的空間である車内でほかの人にとって見たくないものを見せるということは問題ではないのか

　女性の意見：公の中に個人の空間があってもいい

第5段落

　筆者の意見：

　例：床に直接座りこんでいる若者

　　　カップ麺まで食べる者

　　　家庭に持ちこみにくいような写真の載った新聞や雑誌を堂々と広げて読む男性

2.
　(1) 恥ずかしくないのかと思う一方で、日本人の空間認識が変わったという面白さを感じている。
　(2) 筆者は彼女の中では、自分と関わりを持つ人とそうでない人との間にはっきりと線引きがなされているようだと思っています。
　(3) 公の空間なのだから常に公を意識して振る舞わなければならないという主張と、公の中に個人の空間があってもいいという主張のずれです。
　(4) 社会的な空間の中に勝手に個人的な空間を作る現象です。
　(5) 日本人が公の中に個の空間を求めて作るのはずっと以前からだったが、最近では一方的にその空間を作り出し、周囲の人を風景のように意識する例が増えてきたと考えています。

B　文法練習

1.
　(1) 〜かのようだ
　　　①b　　②a　　③きれいに晴れている
　(2) V（さ）せられる
　　　①b　　②a　　③健康の大切さを
　(3) 〜からこそ
　　　①a　　②b　　③挫折を経験した

(4) Vることはない
　　①a　　　②b　　　③新しいのを買うことはない
(5) 〜ばかりか
　　①b　　　②b　　　③自分まで不安になってしまった
(6) まで
　　①b　　　②b　　　③得点が低かった

2.
(1) Nからすれば
　　①中国人　　②どんなときでも子どもは可愛いものだ
(2) 〜ということだ
　　①市民のボランティアによる植樹がブームになっている
　　②日本人の大学生より早起きだ
(3) すなわち
　　①自分の能力を信じる　　②自分の可能性を探す

五、学习手册答案

会話文のまとめ

　　国慶節の休みに一時帰国した高橋さんが王さんを家に招待することになりました。久しぶりに会った二人は楽しそうでした。王さんは東京に来て、町の清潔さや電車の女性専用車などに感心する一方、電車の中で人目もかまわず化粧している女性の行動を不思議に思ったようです。

　　王さんの手土産は中国の緑茶でした。留学生活について話す中でアメリカ人の友達に強引に誘われて、空手を習い始めたところがいかにも王さんらしかったです。王さんは高橋さんのお母さんから日本語が上手になったと褒められてもいました。

実力を試そう

参考译文

　　人际关系和沟通中最重要的是"与他人的距离感"。要读懂并保持与对方的"适当距离感"，根据情况和需要逐渐缩小距离。

　　这可以说是与人有效沟通的"基础"。这里所说的距离感，当然不是指"物理距离"，而是指与对方的"心理距离"。

如果距离感判断失误，很容易导致与对方发生纠纷。

你是否对曾经因"与他人的距离感"感到困惑？请用一分钟分享您的经历。

Ⅰ. 文字・語彙・文法

1. (1) ごういん (2) へいき (3) じょうきゃく (4) とうちゃく (5) ゆ
   (6) しゅちょう (7) こんぽんてき (8) ぜんぱん (9) しゅうい (10) つね

2. (1) 器用 (2) 低下 (3) 人目 (4) 敬意 (5) 批判的
   (6) 線引き (7) 一連 (8) 事実 (9) 公 (10) 勝手

3. (1) a (2) c (3) c (4) d (5) a (6) d (7) a (8) a (9) b (10) c

4. (1) d (2) c (3) a (4) d (5) b (6) a

5. (1) d 話し込んで (2) e 飛び込む (3) b 信じ込む
   (4) c 住み込んで (5) a 打ち込む (6) f 差し込む

6. (1) c (2) a (3) c (4) d (5) b (6) a (7) d (8) d (9) a (10) b

7. (1) まで／さえ／すら／にも (2) に (3) と (4) には／での (5) に
   (6) こそ／には (7) に (8) にも (9) に (10) に

8. (1) b (2) a (3) a (4) d (5) c (6) d (7) b (8) d (9) c (10) b

Ⅱ. 听力

1. (1) b (2) a (3) b (4) d

2. (1) ○ (2) × (3) × (4) ×

Ⅲ. 阅读

(1) a
(2) (大学自体も)増え続け、大学院修了者の就職をどんどん受け入れ続けるということ

(3) a○　b×　c×　d×
(4) d

六、学习手册听力录音稿

実力を試そう

　　人間関係、コミュニケーションにおいて最も大切なことは、「相手との距離感」だと思います。相手との「適切な距離感」を読み、距離を保ちながら、状況や必要に応じて、徐々に距離を縮めていくことです。
　　それが、人と上手にコミュケーションを取る為の「基本」だといえるでしょう。ここでいう距離感とは、もちろん「物理的な距離」のことではありません。相手との「心理的な距離」です。
　　「距離感の判断」を間違えてしまうと、相手とのトラブルに発展しやすいです。
　　この「相手との距離感」についてあなたは戸惑っていることがありますか。あなたの経験を1分間で話してください。

テスト

1.(1)質問：リュウさんはどうして焼きそばを買ったのですか。
　　A：社長も召し上がってください。おいしいですよ。
　　B：うん、ありがとう。……、焼きそばっていうよりまるで焼きうどんみたいな食感だね。これがあの屋台の大繁盛の秘密かなあ。
　　A：どうしても食べたいっていうわけじゃないんですけど、行列ができていたもので、ついつい買ってしまいました。
　　B：リュウ君は大食漢だね。さっき昼ごはんを済ませたばかりなのに、よくそんなにおなかに入るなあ。
　　A：足りないわけじゃないんですけど……。
　　B：いやいや、元気でいいことだよ。腹が減っては戦ができぬ、リュウ君はうちの工事現場で一番の働き者だから、これからもよろしく。
　　A：はい、こちらこそこれからもよろしくお願いします。
　　質問：リュウさんはどうして焼きそばを買ったのですか。
　　a.焼きうどんの食感が好きだから。
　　b.大勢の人が並んでいるのを見て自分も食べたくなったから。
　　c.リュウさんは昼食がまったく足らなかったから。
　　d.工事現場で働いているから。

第4課　東京での再会

(2) 質問：二人は何について話していますか。
　A：アンディ君、この前頼んだもの、もうコピーしてくれた？
　B：はい、こちらです。Ａ４にしておきました。どちらに置きましょうか。
　A：ありがとう。じゃあ、そこの机の上にお願い。
　B：これは外来語の一覧ですね。初級クラス用のですか。
　A：中級クラスで使うの。来週授業で配ろうと思って、パソコンでよく使う単語をまとめたのよ。
　B：アットマーク、ホームページ、プロバイダー、サーバー……。英語が分かると難しくないんですけどねえ。
　A：そうね。携帯電話でも似たような言葉を使うし、就職して仕事を始めると、一般常識として把握しておかなくちゃいけない言葉よね。
　B：この「ウイルス」というのは何ですか。
　A：ああ、これは英語の「ＶＩＲＵＳ」よ。「ウイルス対策ソフト」なんていうカタカナと漢字が混ざったものもあるのよ。「アンチウイルスソフト（antivirus software）」ともいうわね。
質問：二人は何について話していますか。
　a．アンディさんがコピーしたパソコン用語のプリント
　b．アンディさんがコピーしたＤＶＤ
　c．アンディさんがコピーしたウイルスのソフト
　d．アンディさんがコピーしたＡ４のパソコンの常識
(3) 質問：二人分の電車賃は全部でいくらかかりますか。
　A：先生、どこまで買えばいいですか。電車賃はいくらですか。
　B：浅草駅までだから……、えーと、まず450円だね。
　A：このボタンですか。
　B：ちがう、ちがう。高田馬場で乗り換えだから、その上のボタンを押して。そう。それから山手線の、そう、そこ。
　A：あれ。それだと上野駅までではありませんか。駅から歩いて行くんですか。
　B：歩いてなんかいかないよ。ここからだと、確か、上野駅で地下鉄に乗り換える時に切符を買いなおさないといけないんだ。
　A：そうなんですか。
　B：上野からは130円だったと思うよ。

質問：二人分の電車賃は全部でいくらかかりますか。
　　　a．580円　　　　b．1160円　　　　c．900円　　　　d．1260円
(4)質問：女の人はこれからまずどこへ行きますか。
　　A：うーん、どうやって行ったらいいのかなあ……。もう時間もないし……。すみません、横浜駅までは何線に乗ったらいいですか。
　　B：横浜駅ですか。えーと、渋谷からは東横線で直接行けますね。540円です。
　　A：あのー、外国からの友人が今東京駅にいて、一緒に横浜に向かうことになっているんですが、彼、日本に来てまだ日が浅いので、僕がついて行ってあげたいんですけど。
　　B：そうですか。では、ご友人と品川駅で待ち合わせされてはいかがでしょうか。横浜までは品川から一本で行けますから。
　　A：そうですか。じゃあ、そうします。
　　質問：女の人はこれからまずどこへ行きますか。
　　　a．横浜駅　　　　b．渋谷　　　c．東京駅　　　　d．品川駅

2.
　　A：ねえ、こんな感じでいいかなあ。
　　B：読んでみて。ちゃんと気持ちを込めてね。
　　A：うん。えーと……。「本日はお忙しい中、私どもの披露宴にご列席いただきまして、まことにありがとうございました。また、皆様より温かいお言葉をいただき、玲子ともども大変嬉しく存じます。私たち二人は、新たな人生の出発に際して、皆様からいただいたお祝いの言葉を胸に、力を合わせて幸せな家庭を築いていきたいと思っております。まだまだ世間知らずの私たちではございますが、今後とも一層のご指導ご鞭撻のほど、どうぞよろしくお願いいたします。皆様のご健康とご多幸をお祈りして、お礼の挨拶とさせていただきます。本日は、まことにありがとうございました。」……ふう。
　　B：うん、まあ、いいんじゃないの。みっともないから、本番で舌をかまないでよ。
　　A：わかった、わかった。そんなにプレッシャーかけないでよ。

七、课文翻译

1 好久不见了！

（高桥趁国庆节的假期临时回国，她邀请王宇翔到家里做客，他们约好在车站见面。）

高桥：王宇翔！

王　：啊，高桥！

高桥：好久不见了！你好吗？

王　：嗯，每天都过得不错。

高桥：是吗？那就好。咱们走吧。

（二人上了车。）

王　：北京的那些朋友们都好吗？

高桥：嗯，大家都挺好的。李东也盼着来日本呢……你真正到了东京，觉得怎么样？

王　：嗯……觉得街上很干净，电车有女性专车……

高桥：挺吃惊的吧。

王　：嗯。

高桥：这倒也是。

（在车中继续聊）

王　：哎，高桥，你看那个女生……

高桥：咦？你是说那个在化妆的人吗？

王　：难道她不觉得难为情吗？

高桥：是啊，我也觉得她们怎么能旁若无人地在车里化妆呢。

王　：她们也许意识不到别人在看她们吧。

高桥：我觉得她们未必意识不到。

（到了高桥家）

高桥：我回来了。妈妈，王宇翔来了。

母　：啊，欢迎，我们都在等你呢。

王　：好久不见了。

母　：是啊。过会儿再聊，快请进。

王　：那就打搅了。

（在客厅里）

王　：这是中国的绿茶，请您全家都尝尝。

（把礼品递给高桥的母亲）

母　：呀，真是的，你这么客气，谢谢了。在北京多亏你关照，真是很感谢。

王　：哪里，没什么。

母　：快，请坐。

王　：好的。（坐在沙发上。）

高桥：这是日本的绿茶，请吧。

王　：好，那我就不客气了。

母　：在学校怎么样？有新朋友了吗？

王　：嗯。告诉您，我开始练空手道了。

高桥：啊！？你练空手道？

母　：你原来就想练来着吗？

王　：原来并没想练，是被一个美国朋友硬拉着去的……

母　：（笑）这么一说，觉得你还真是比以前健壮了。

王　：那倒没有，不过是才学了几个基本的站姿。

高桥：（笑）你在我妈妈面前，说话没必要那么客气。

王　：啊，是吗？（转向高桥的母亲）不好意思，我对空手道队的师兄们总是用敬语，所以也就……

母　：你的日语进步真大呀。

ユニット2　在电车上化妆的女士

　　最近时常看到有年轻的女性在电车上化妆。不经意地望去，会发现她本人在那里旁若无人、满不在乎地化着妆。让别人看到自己化妆难道就不觉得难为情吗？尽管我这么想，但看到她们在摇晃的车厢里也能把妆化得那样漂亮，不由得佩服她们技术高超。

　　人们开始注意到在车上化妆这一现象的时候，报纸上也曾刊登了有关这一问题的访谈，那是在车上化妆的女士与对此持反对意见的男士之间的讨论。为什么在车上化妆而满不在乎呢？这位女士明确地谈了自己的想法，很有意思。

　　这位男士表示希望从所有女性身上看到优雅与腼腆，他问那位女士无所顾忌地化妆难道就不觉得尴尬吗？而在这位女士看来，正因为对要去见的人会感到羞涩并怀有敬意，所以才要化妆。她还说，自己之所以敢化妆，是因为没有把周围的乘客当做人来看待，而是视其为景物。的确，对于景物，人们是不会有羞愧之心的。在这位女士的意识当中，与自己有关系的人和与自己没有关系的人之间好像清晰地画上一条分界线。

这位男士进一步追问，在属于公共空间的电车上，让别人看到本不想看到的事物，这合适吗？对此这位女士是这样回答的："由于是公共空间，一个人的言行就必须时刻意识到公众，这种观念和我所认为的'公共空间当中应该有私人空间'这种看法存在本质上的分歧。"

针对这位女士的观点，人们不难指出世风日下。实际上近来在电车上不仅有女士化妆，还有年轻人直接坐到地面上，甚至还会看到有人在吃泡面。其实，在同一车厢里有不少男士无所顾忌、毫不收敛地把刊有难以带回家的照片的报纸、杂志摊开来看，引得众多女性为之侧目，这种情况很早以前就有了。

在此我们回顾一下刚才那位女士的言论，可以认为这样的一系列现象是出于日本人空间意识的改变，也就是说，在社会空间中任意营造个人空间，把周围的人仅看作是景物或东西，这样的人多了起来。然而，一向用拉门来分割空间的日本人不是很久以前就开始在公共空间中寻求、营造个人空间了吗？似乎可以说，在当今生活中，我们可以从电车上人们的行为中观察到这一点。

第5課　古都

一、教学目标

1. 能对上级或客人得体地表达规则、允许、禁止等事项。
2. 能表达不同事物的特征。
3. 学会讲述中国古都的故事，展示中国传统文化的魅力。

二、语言知识点、学习重点及拓展教学提示

1. 语言知识点及学习重点

ユニット1

语言知识点	学习重点
① Nとなっている〈既定〉 ② N以来／Vて以来〈时间状语〉 ③ Nまでして／Vてまで〈极端的程度〉	① 运用动词可能态、授受动词以及其他表达许可和禁止的句型，表达社会规则或组织内部的规则。 ② 在不同场景下，得体地表达许可、可能、禁止等。 ③ 关注"义务""建议"等不同的表达方式。

ユニット2

语言知识点	学习重点
① Nを問わず〈无区别〉 ② ～にかかわらず／にかかわりなく〈无区别〉 ③ ～ように〈铺垫〉 ④ ところが〈转折〉 ⑤ Nはともかく（として）〈另当别论〉 ⑥ だからといって〈转折〉 ⑦ それに対して／～のに対して〈対比〉 ⑧ ～というわけだ〈说明〉 ⑨ Nにしてみれば〈看法〉 ⑩ A／Vて（で）ならない〈极端的心理状态〉 ⑪ さえ〈凸显代表性的事物〉 ⑫ Vるまでもない〈没有必要〉	① 运用「Nを問わず、～にかかわらず／にかかわりなく」阐述自己的看法。 ② 运用「ところが、Nはともかく（として）、だからといって、それに対して／～のに対して」等表达方式，陈述转折、对立的逻辑关系。 ③ 运用「～というわけだ、Nにしてみれば」表达自己的看法。

2. 拓展教学提示

(1)搜集资料，尝试翻译景区等公共场所的标语。

(2)搜集资料，探究西安与京都的文化交流历史，并用日语描述古都的魅力。

三、教学重点

（一）词汇教学重点

1. 右左（みぎひだり）

日语中存在大量的与汉语形态相同或相近的词，这些词被称为"汉日同形词"。狭义来讲，汉日同形词仅指形态完全相同的词，例如「大学」「全部」「火山」等等，数量众多。由于中日两种语言所使用的汉字并不尽相同，广义来讲，汉日同形词也包含形态相近的词，例如「清潔」与"清洁"，「圧力」与"压力"，甚至也可以包含用字相同但字序相反的词，比如本单元出现的「右左」。这样的词在日语中还有一些，例如「白黒」与"黑白"等。

汉日同形词不光有二字词，还有三字词（「自主性」），四字词（「百発百中」），甚至一些和语词也被认为有对应的汉语同形词（「笑い話」与"笑话"）。

近年来有很多围绕汉日同形词的研究，教师可以引导学生关注各种类型的汉日同形词及相关研究，在课堂上组织讨论。

(1)这些汉日同形词都是从中国借入的吗（词源问题）

(2)这些汉日同形词的意义都是相同的吗（同形同义、同形近义、同形异义问题）

(3)这些汉日同形词在使用上有何异同之处（词性、语体等）

2. まさに

「まさに」意为"的确；确实；实在"，是「本当に」「実に」「確かに」的近义词。

(1)確かに、東京の高層ビルを見て暮らす人々には、古い町並みの中を歩くことは、まさに癒しの時と言えるだろう。

(2)こういう辞書こそまさに私がほしかったものだ。

(3)まさにあなたのおっしゃるとおりです。

(4)オリンピックの開会式が今まさに始まろうとしている。

3. 古きよき日本

「古きよき」是古代日语用法在现代日语中的残留，古语中，Ⅰ类形容词的连体形式为将词尾的「し」变为「き」，如Ⅰ类形容词「高し」作为连体修饰出现时为「高き（山）」，在全国高校日语专业四级、八级考试中，有专门的题目是针对古典语法的，教师可以引导学生留意这些在现代日语中依然存在的古语形式，化整为零，一点一点积累这些知识。常见的还有「少なからず、べし、知らん（顔）、如し」等等。

教师可以结合本册第9课第一单元（第239页）的例句让学生加深了解。

ご承知のとおり、言葉は変化するものですよね。私は変化こそ、言葉のあるべき姿だと思います。つまり、言葉は特定の人によって制限されるべきものではなく、あくまで使う人々の自由に任せるべきだと思うわけです。

（二）语法教学重点

1. N以来／Vて以来〈时间状语〉（→ 条目2）

a. 学生使用该句型造句时，常见的偏误是前接动词时，使用"た形"。

(1) あのイベントで｛○会って ×会った｝以来、ずっと彼のことを忘れられない。

b. 需注意该句型后句只能表达状态，不能是一次性事件。

(2) 卒業以来、｛○一度も会っていない ×一度だけ会ったことがある｝。

2. Nまでして／Vてまで〈极端的程度〉（→ 条目3）

a. 该句型强调极端的程度，可表达两种含义。

①积极义，即为达到目的而付出超出寻常的努力。

(1) 美味しかった。並んでまで食べる価値はあると思う。

(2) 徹夜までして頑張ってくれた皆さんに、感謝しかありません。

②消极义，即为达到目的采取不同寻常的手段，经常用于表达说话人否定性的意见或疑问的语气，句末一般为「～たくない／～たいのか／～つもりはない／～とは思わない／～必要はない」等。消极义比积极义更为常用。

(3) 嫌いなことを我慢してまでやり続ける必要はあるの？

(4) 今の仕事を辞めてまで公務員に転職したいのか。

(5) 健康を犠牲にしてまで働くというのは本末転倒です。

这种消极义也常使用「VてまでVたのに、～（消极事件）」表达。

(6)行列に並んでまで買ったのに、全然おいしくなかった。

(7)仕事を辞めてまで8カ月勉強したのに落ちてしまった。

b. サ変动词，如「徹夜する」，有「徹夜までして」和「徹夜してまで」两种形式。

ユニット2

1. ところが〈转折〉（→ 条目4）

「ところが」和「しかし」都可以表达转折意义，但是「ところが」偏重于在后句表达与说话人预想或期待相反的结果，带有吃惊、意外的语气。后句不能使用「～たい／～ましょう／～てください／～だろう」等主观表达方式以及疑问句。

(1)ここの料理はおいしい。｛○しかし　??ところが｝、値段が高い。（非意外）

(2)失敗したけどもう一度試みた。｛○しかし　??ところが｝、やはりだめだった。（非意外）

(3)今の自分を変えたい。｛○しかし　×ところが｝どうしたらいいかわからない。（疑问句）

(4)もう間に合わないかもしれない。｛○しかし　×ところが｝まだあきらめないでください。（要求）

2. Nにしてみれば〈看法〉（→ 条目9）

「Nにしてみれば」在口语中也说「Nにしてみたら」，转折义时使用「Nにしてみても」。

(1)小学生にしてみたら、この話はつまらないだろうね。

(2)先生にしてみても、より良い待遇、より良い生徒を望むのは当然のことでしょう。

3. A／Vて（で）ならない〈极端的心理状态〉（→ 条目10）

a. 该句型多用于书面语，前接表达感觉、感情或思考义的动词或形容词，如：

うれしい／悲しい／寂しい／うるさい／かわいい／ほしい／～たい

かゆい／寒い／暑い／痛い／眠い

心配だ／不安だ／不思議だ／残念だ／いやだ

気になる／気がする／泣ける／笑える／思える／思い出される／腹が立つ

b. 该句型与第二册第11课学过的「～てしかたがない」表达的意义大体相同。学生造句时常见的偏误是前接不表达心理或思考的动词、形容词。

(1)×この本は面白くてならない。
(2)×景色がきれいでならない。
(3)×日本の物価は高くてならない。
(4)×子供が泣いてならない。
　　○子供が泣いてしかたがない。（束手无策之义）

c. 该句型表达的是说话人自身的心理状态，如果要表达他人的心理状态，需要在句末加「～のだ／だろう／らしい／そうだ／みたいだ／ようだ」等形式。如：

(5)親としては子供の将来が心配でならないだろう。
(6)大学に入った弟は、友達がたくさんできて、毎日が楽しくてならないようだ。

4．さえ〈凸显代表性的事物〉（→ 条目11）

「さえ」和「まで」都是凸显助词，用于举出极端的例子进行强调，但是语义不同。

「さえ」聚焦于前接名词，表达该事物尚且如此，其他自不用说的含义，强调事情的不寻常。肯定句和否定句均可使用。

(1)そんなことは子供でさえできる。
(2)大手企業さえ人材確保に苦戦している。
(3)もう高校生なのに、自分の部屋さえ掃除をしない。
(4)視力が悪くなり、大きな文字さえ読めなくなってしまった。

「まで」聚焦于后面的谓语，暗示由低到高的相关要素不断累加，超出了寻常的范围，即"以至于……"。带有说话人吃惊的语气。只能用于肯定句。

(5)君までそんなことを言うのか。
(6)こんなものまで用意してくれて、ありがとう。
(7)人工知能って、そんなことまでできるんですか？
(8)海外にまでビジネスを広げる企業が増えている。

下面的(9)中，强调的是「名前」，只能用「さえ」，不能用「まで」。

(9)あの人は自分の名前｛○さえ　×まで｝書けない。

第5課 古都

四、教材練習答案

A 内容確認

(1)王さんは貴重品を持って、かばんを置いていきました。

(2)マリーさんは前に東大寺に来たことがあるからです。

(3)高橋さんです。

(4)立ち入り禁止なのに庭に入ろうとしたり、飲食禁止なのにジュースを飲んでいたりしていたからです。

(5)鑑真和上が仏教や薬学、建築技術などを日本に伝えたからです。

(6)いいえ、使わなくてもかまいません。

(7)清水寺の近くのお土産屋さんでそのチケットを使うと、お茶とお菓子が無料になります。

(8)恋占いができる神社です。

B 文法練習

1.
   (1)〜となっている
      ①小学校と中学校が義務教育となっている
      ②水族館内では撮影禁止となっている
      ③午前9時から午後8時までとなっている
   (2)N以来／Vて以来
      ①卒業以来母校を訪れていない
      ②高橋さんと相互学習を始めて以来
      ③面白い選択科目を楽しく勉強している
   (3)NまでしてＶVてまで
      ①借金までして新車を買った
      ②39度近くの熱があるのに、無理してまで
      ③友だち（／客）は来なかった

C 会話練習
☞ ポイント1
ここをおさえよう！
(1) この場合は「許可を求める」より、単に規則や制約の有無をたずねる場面なので、「こちらでクレジットカードも使えますか。」と可能形式の方が適切です。
(2) 「お使いになってもいいです」は敬語であるが、許可を与える表現なので、上から目線になっています。店員は許可を与える立場ではありませんので、「ええ、お使いになってもいいです。」は失礼な言い方です。
(3) 「申し訳ありませんが、こちらではクレジットカードはお使いいただけません。（使えません・ご利用できません・ご利用いただけません）」
　　「大変申し訳ありませんが、クレジットカードでの支払いには対応しておりません。」
(4) 「今日はお使いいただけません（使えません）。」

☞ ポイント2
ここをおさえよう！
(1) 「ええ、どうぞ、ご覧ください」と言いました。「ええ、見てもいいですよ」は使えません。王さんは許可を与える立場ではありませんから。
(2) うーん、そうですね……（それはちょっと……）
　　あ、それはちょっと困ります。すみません。

ここをおさえよう！
(1) 「申し訳ございません。そちらは店内での閲覧用となっておりまして……」と答えました。
　　「いいえ、取ってはいけません。」というのは失礼です。店員は客に対して許可を与える立場ではないからです。
(2) 「あのう、お客様、申し訳ございませんが、店内でのご飲食はご遠慮いただけますか」と注意しました。「店内で食べてはいけませんよ」は使えません。許可も不許可も目上に対しては用いることができないからです。
(3) 「店内でのご飲食はご遠慮ください」。最後まで言わなくてもちゃんと伝えているから、ぼかしたほうがお互い気まずくならないで済むからです。
(4) ごめん、お菓子はちょっと。

第5課 古都

正しいのはどっち？

① お持ちいただけますか
② それは明日にしていただけますか
③ ご遠慮いただけますか
④ お撮りください
⑤ そちらは立ち入り禁止となっておりますので……

A 内容確認

1.

	京都	東京
●つくられた年	◇794年	―
●大通り	◇碁盤の目のように並んでいるから、道に迷うことがない。 ◇道を尋ねた時、東西南北で答える。	道を尋ねた時、東西南北で答えることはまずない。
●古い町並みがあることの効果	◇古いお寺、神社、町並みがあるので、昔をしのばせるところが多い。すなわち、街並み＝観光資源。	―
●古い町並みの保存	◇古い町並みを保存することにたいして熱心であった。 ◇古都保存法、町並み保存条例など多くの法律や条例を作るようになった。	経済的効果を重視したためか、以下のように開発した。 ◇河川を埋め立てた ◇上を覆ったりして高速道路を建設した ◇高層ビルを林立させた
●モデルとなった町	◇大唐時代の長安の都	―

2.

(1) 京都には古いお寺や神社だけでなく、町並みも昔をしのばせるところが多いからです。

(2) 京都が古い町並みの保存を重視するのに対し、東京は経済的効果を重視しています。

(3) それも都市の一つの姿であると筆者は考えています。

(4) コンクリート造りのモダンな建物です。

(5) モダンが次の時代の伝統になるように、伝統とモダンは絶妙なバランスをとら

なければいけないからです。
(6)筆者は京都の景観の変化は残念でならないと考えています。
(7)当時の人は金閣寺のことを伝統を破壊した斬新な建物だと驚いただろうと筆者は考えています。
(8)京都に大陸文化とは異なる古きよき日本を見ます。伝統とモダンの絶妙なバランスを見ます。はるか昔の長安の都に思いを馳せ、懐かしさを覚えます。

B　文法練習

1.
　(1)Nを問わず
　　　①利用の目的を問わず、自由に使う
　　　②経験を問わずボランティアを募集しています
　　　③この仕事は日本語ができるなら応募できる
　(2)Vるまでもない
　　　①マナーについて取り立てて説明するまでもない
　　　②ちょっと頭痛がするが、風邪薬を飲む
　　　③蚊に刺されたぐらい

2.
　(1)〜にかかわらず／にかかわりなく
　　　①a　　　　②b　　　　③金額
　(2)〜ように
　　　①b　　　　②a　　　　③仕事をしている高齢者がたくさんいる
　(3)ところが
　　　①b　　　　②a　　　　③大学に入ってから全然勉強しなくなった
　(4)Nはともかく（として）
　　　①b　　　　②a　　　　③バイト代
　(5)だからといって
　　　①b　　　　②b　　　　③お酒を飲まなければならないというわけではない
　(6)それに対して／〜のに対して
　　　①a　　　　②a　　　　③人口がどんどん少なくなっている

(7) Nにしてみれば
　　①b　　　　②a　　　　③迷惑になるでしょう
(8) A/Vて（で）ならない
　　①b　　　　②a　　　　③心配で／不安で
(9) さえ
　　①b　　　　②b　　　　③家族

五、学习手册答案

会話文のまとめ

　高橋さんは東西大学の留学生と奈良・京都ツアーに参加し、東大寺、唐招提寺、清水寺を回りました。
　最初の東大寺では、前にも来たことがあったマリーさんが一人で興福寺に行きたいと言い出したのですが、ガイドさんからの許可が得られませんでした。
　同じく東大寺では、マイクさんが飲食しながら撮影禁止の庭に入ろうとしたので、お寺の人から注意を受けました。
　続く唐招提寺では王さんと高橋さんが近くの男性に写真を撮ってもらいました。
　最後の清水寺では、近くに恋占いができる神社があるとチャリヤーさんから聞いて、マリーさんも高橋さんも王さんもそこへ向かいました。
　それぞれ思い出になる一日になったと思います。

実力を試そう

　みなさんご存じのとおり、天安門広場は北京市中心にあります。世界で最大の広場で、面積は44万m^2で、およそ100万人の集会を開催可能です。中国人にとって一度は訪れてみたいところです。
　天安門は世界遺産にも登録されている故宮（紫禁城）の正門でした。天安門の中央部にある毛沢東の肖像画や赤い城壁、オレンジの屋根が特徴です。天安門は世界でも有名な観光スポットとなっています。
　天安門広場での一番の見所は国旗掲揚台です。ここの国旗は毎朝日の出とともに掲揚され、日没にあわせて降納されます。そしてその掲揚と降納の時には、儀式が行われます。
　明日、市内観光の最後に天安門広場に行って、国旗降納儀式を見学します。中国の歴史を感じてみてください。

Ⅰ. 文字・語彙・文法

1. (1)かんかく　　(2)こうりょ　　(3)ひんしつ　　(4)うらな
   (5)いや　　　 (6)あわ　　　 (7)しゅんかしゅうとう
   (8)みちづ　　 (9)しゃっきん　(10)うらおもて

2. (1)破壊　(2)賛否　(3)貴重品　(4)都　(5)資源
   (6)覆　　(7)規則　(8)仏教　　(9)偶数　(10)未満

3. (1) a　構想　　b　高層　　(2) a　鑑賞　　b　干渉
   (3) a　載って　b　乗って　(4) a　感覚　　b　間隔
   (5) a　効果　　b　高価　　(6) a　映　　　b　移
   (7) a　景観　　b　警官　　(8) a　下線　　b　河川

4. (1) b　(2) a　(3) c　(4) d　(5) b　(6) a　(7) c　(8) c　(9) d　(10) a

5. (1) c　(2) a　(3) b　(4) c　(5) a　(6) b　(7) c
   (8) d　(9) d　(10) a　(11) d　(12) b　(13) c

6. (1)まで　(2)でさえ　(3)までに　(4)にだけ(だけに)　(5)には
   (6)と　　(7)に　　(8)に　　　(9)と　　　　　　　(10)でも

7. ①b　②a　③b　④a　⑤a　⑥b

Ⅱ. 听力

1. (1) c　(2) d　(3) a　(4) b

2. a.駐車禁止　b.一方通行　c.右折禁止　d.進入禁止

Ⅲ. 阅读

(1) c

(2)漫画は内容が面白い、また、絵があるので、字だけの本に比べて分かりやすくて、理解しやすい。

(3) c

六、学习手册听力录音稿

実力を試そう

　　大家都知道天安门在北京的中心，是世界最大的广场，面积约44万平方米，可以容纳100万人集会。是中国人一生中一定想要去一次的地方。

　　天安门以前是故宫的正门，故宫是世界遗产。天安门以毛主席像、红色城墙、金色的屋顶著称，是世界著名的旅游胜地。

　　天安门最值得看的是国旗升降台。这里每天日出升旗、日落降旗，同时有升旗降旗仪式。

　　明天市内观光最后一站我们去天安门，观看降旗仪式。请大家感受中国的历史吧。

テスト

1. (1) 質問：リュウさんのおみくじの内容はどうでしたか。

　　A：渡辺さん、なんて書いてあった？

　　B：えーと、「気長に待てば近いうちに相手が現れるでしょう」だって。

　　A：「近いうち」って……。そんなあいまいな。一体いつだよ。何の参考にもなりゃしない。

　　B：おみくじっていいことが書いてあったら持ち帰って、悪いことだったら木に結び付けるんですよね。

　　A：そうそう、よく知ってるね。

　　B：リュウさんのは？

　　A：「油断禁物」。

　　B：ええっ！？なにそれ！？そんなおみくじあったんだ……。

　　A：ま、まあ、木に結びつけて帰ることにするから、はは、はは。

　　質問：リュウさんのおみくじの内容はどうでしたか。

　　a．とても良かったとリュウさんは思った。

　　b．あいまいだからわからなかった。

　　c．リュウさんにとって。良くなかった。

　　d．リュウさんはおみくじを引かなかった。

　(2) 質問：鈴木さんの出張はどうなりますか。

　　A：失礼します。

　　B：鈴木さんですね。はい、どうぞおかけください。どうしましたか。

　　A：あのー、数日前からのどが痛くてせきがよく出るんです。それに、少し熱

もあって……。

B：そうですか、では大きく口を開けてください。……、ん、これは、のどがはれて炎症を起こしていますね。風邪ですね。

A：あのー、明日の朝、九州へ出張しなければならないんですが……。

B：それは大変ですね。延期できないんですか。あるいは他の同僚の方に代わりに行ってもらうとか……。

A：それはちょっと無理なんです。

B：そうですか。では、必ずマスクをして、薬も忘れずに飲んでください。少し熱があるので今夜は早く寝て、体を休めてください。

A：はい、わかりました。

B：お大事に。

質問：鈴木さんの出張はどうなりますか。

a．風邪が治るまで延期します。

b．病気が治っても行きません。

c．会社の同僚が代わりに行きます。

d．予定通り行きます。

(3) 質問：大林さんの出張はどうなりますか。

A：失礼します。よろしくお願いします。

B：はい、大林さんですね。こちらの椅子にどうぞ。どうしましたか。

A：あのー、四、五日前から頭痛がひどくて仕事に集中できないんです。それに鼻水も止まらないし、体もだるいんです。

B：なるほど。では口を開けてください。風邪ですね。最近はやっていますからねえ。

A：あのー、あさって北海道へ出張することになってるんですが……。

B：あなたも出張ですか。近頃の若い方は大変ですね。今日は薬を飲んで、早めに休んでください。今夜はお風呂には入らないでくださいね。

A：わかりました。

B：あと、マスクも忘れないで。それから、明日も調子が悪かったら、出張はやめてくださいね。

A：はい、分かりました。どうもありがとうございました。

質問：大林さんの出張はどうなりますか。

a．治ったら、あさって行きます。

b．4、5日たったら行きます。

c．明日よくなったら、行きます。
　　d．明日よくなっても行きません。
(4)質問：矢崎さんは、なぜ腹痛がおこりましたか。
　　A：先生、助けてください、苦しくて死にそうなんです。
　　B：矢崎慎吾さんですね。どうしたんですか。
　　A：すごくおなかが痛くて……、食欲はあるんですが、何を食べてもすぐにトイレに行きたくなるんです。ぜんぜん力も出ないし……。
　　B：今までにもよくこういうことがありましたか。
　　A：いえ、ほとんどありませんでした。本当に一体どうしたのか。まさか大変な病気じゃあ……。
　　B：昨日何を食べましたか。
　　A：えーと、朝食はカツ丼とスパゲティ、昼食は弁当だけじゃ足りなかったんで、パンとおにぎりを二つずつ食べました。三時にはコンビニで買ったプリンとケーキで、それから、部活が終わってうちへ帰る前に駅前で大盛りラーメンを食べて、……夕飯は母と二人で焼肉を食べに行きました。夜食はいつものとおりお茶漬け。これがまたたまらなくうまくて。あれ？先生、どうしたんですか、こめかみを押さえて。
　　B：いえ、こっちが気持ち悪くなってきましたよ。これからはもっと胃腸をいたわってやらないとね。はい、これ、おなかの薬。
　　質問：矢崎さんは、なぜ腹痛がおこりましたか。
　　a．食欲がないから。
　　b．食べ過ぎたから。
　　c．トイレに行けなかったから。
　　d．変なものを食べたから。

2.
　　A：日本の道路にはいろいろな標識が立てられていますね。
　　B：そうだね。ドライバーが一目でわかるように工夫されているんだよ。例えばあれ。あの横一本線の標識は「進入禁止」。つまり、これから先は進んではいけないってこと。
　　A：あの斜めの線のはなんですか。
　　B：あれは「駐車禁止」。車を止めてはいけない場所を示している。あっちの逆三角形のはわかるでしょ。読んで字の如く……。

A：「止まれ」、ですね。

B：そうそう。

A：ではあの右に矢印が向いて、斜めの線が引かれているのはなんですか。

B：ああ、「右折禁止」。前進と左折、前と左には行ってもいいけど、右に曲がってはいけないという意味だね。

A：あの左だけの矢印は……。

B：あれはまた別の標識で、「一方通行」。つまり、矢印の方向にしか行ってはいけないという標識です。

A：あれは面白いですね！ 親子が手をつないでいる絵が描いてありますよ。

B：「歩行者専用」だよ。あそこに入っていいのは歩く人だけで、自転車もだめだということです。

七、课文翻译

ユニット1 那个院子不能进去

（王宇翔、迈克、玛丽、查理、高桥参加了去奈良、京都的旅行团。）

导游：各位游客，我们现在来到了东大寺，东大寺的游览时间为1小时，请大家在2点之前回到车上。

高桥：啊，好长时间没来这儿了，可能从中学的研学旅行之后就再没来过。

王　：导游小姐，请问，这个包很重，能不能（不带着）放到座位上？

导游：可以，不过贵重物品请一定随身携带。

游客：好的。

玛丽：东大寺我以前来过，我想自己去看看兴福寺可以吗？

导游：对不起，那恐怕不好办……

玛丽：知道了（那就算了吧）。

（迈克拿着相机，一边喝饮料一边往一个院子里走去。）

和尚：哎，游客不能进那个院子！

迈克：啊，不能进啊？对不起！那可以拍照吗？

和尚：那也不行，那儿写着"禁止拍照"呢，食品也请不要带进去。

迈克：好吧。（迈克耸了耸肩，扫兴地回来了。）

（到了唐招提寺。）

王　：噢，这就是鉴真和尚修建的唐招提寺啊……

高桥：鉴真多次险些遇难，甚至还失明了，最后终于来到了日本。
王　：是啊，他真是个了不起的人。
高桥：是啊，他把佛教、药学和建筑技术带到了日本，日本人民应该感谢他。
王　：哎，请那个人帮咱们俩在这儿照张相吧。
高桥：好啊。
王　：（对附近的男士）劳驾，请帮我们照张相可以吗？
男士：好的。好，照了啊，好，茄——子！

（第二天，去了清水寺。）
导游：各位游客，我们现在来到了清水寺。现在我开始发门票，每人一张。在那边的礼品店里出示这张票就可以免费品尝到茶点，请大家享用。
游客：好的。
查理：（一边看导游手册一边说）哎，哎，马莉，听说清水寺附近有个神社可以算卦看恋爱婚姻呢。
玛丽：真的？那赶紧去看看吧！（急忙下了车。）
高桥：等一下！我也去！
王　：咦？高桥！（慌忙随后追赶。）

ユニット2 京都的街道

　　自公元794年从平城京，即奈良迁都至平安京（今京都，译者注）以来，京都便成为了一座千年古都。无论春夏秋冬，无论是研学旅行还是全家旅行，不管是独自一人，还是和朋友结伴同行，在京都每种旅行方式都能得到独特的享受。正像人们所说的那样，京都的街道一草一木都蕴藏着历史，随时随地都会有新的发现。而且这里的街道都排列有序，如同棋盘一般，所以人们不会迷路。例如，在京都的地址中可以见到「上ル」的文字，这是顺着街道往北走的意思，「下ル」则指往南走，「西入ル」指的是往路的西侧走。在东京问路几乎不会有人回答"东西南北"，但在京都任何人都有东西南北的方向感。值得一提的是，去年我第一次去中国的西安和北京，在那里问路得到的回答也是"往西走""往南走"，而没有说左右的。

　　由于长年定都于此，在京都，古老的寺院、神社自不必说，就连街道也有许多令人怀旧之处，这也是吸引游客的原因。不仅在京都，在奈良、金泽以及萩，这里的街道本身就已成为旅游资源。的确，对于看惯了东京高楼大厦的人们来说，漫步于古老的街区，这本身就可以说是最放松的时刻。

但另一方面，对于古老街道的保护，从当地居民的角度来看存在着各种问题，这就需要人们统一意见和努力配合。既要考虑到当地的经济效益，又要考虑到居民日常生活的便利问题。在东京，或许是出于重视经济效益，人们填河造地，并在上面修建高速公路和高层建筑。我们暂不提赞成或反对，这也是都市的一种面貌。与此不同，京都则热衷于城市保护。为了保护旅游资源京都，人们制定了古都保护法、街区保护条例等许多法规和条例。当然京都也呈现出新的景象，现代时尚的混凝土建筑随处可见。京都的建筑和园林的确很美，但不能因此就一味依赖传统。我比较保守，尽管在我看来，京都景观的变化实在有些令人遗憾，但一想到就连金阁寺（日本著名的古建筑，译者注）当初也曾令人们目瞪口呆，便觉得革新和传统不过好似纸的正反两面。

毋庸赘言，平安京是仿照大唐时期的都城长安修建的。对于应被称为本家的中国人来说，通过京都看到的是不同于大陆文化的古老优秀的日本，还是传统与现代的完美结合呢？或许由此想到遥远往昔的长安城而倍感亲切吧。

第6課　茶道体験

一、教学目标

1. 能在初次见面的场景下，得体地运用敬语进行交流。
2. 能掌握说明文的写作特征，运用日语解释中国的成语或者谚语。
3. 了解中日两国茶道的特点，探究中日茶文化的交流历史。

二、语言知识点、学习重点及拓展教学提示

1. 语言知识点及学习重点

ユニット1

语言知识点	学习重点
①～ばかりに〈消极性的原因〉 ②～ものだ〈事物的本质〉 ③N_1ならではのN_2〈特有的事物〉	①运用「～ばかりに」表达日常生活中因自己的过失而带来消极结果的事情。 ②掌握「～ものだ」的接续形式，运用该句型表述自己对事物的本质、真理、客观规律等的判断。 ③理解「N_1ならではのN_2」的含义，运用该句型举出某个事物的独到之处。 ④能区分使用自他动词，理解ナル型语言和スル型语言的特征。

ユニット2

语言知识点	学习重点
①～といってよい〈评价〉 ②～けれども〈单纯接续〉 ③～なり（～なり）〈二者择一〉 ④Vねばならない〈义务〉 ⑤～とすれば〈条件〉 ⑥疑问词＋～かというと〈设问〉 ⑦だけ〈相应程度〉 ⑧Vるのだった〈后悔〉	①理解「～なり（～なり）」的含义，掌握接续形式并合理运用。 ②掌握「Vねばならない」的接续形式并合理运用，区分该句型与其他表达"义务"的句型的异同。 ③理解表达"相应程度"的「だけ」的含义，掌握接续形式，总结所学「だけ」的用法，并与该句型对比辨析。 ④理解「Vるのだった」的含义并合理运用。

2. 拓展教学提示

(1)搜集资料，探究中国茶道的历史和礼仪规矩。

(2)搜集资料，探究中日两国茶文化的交流历史。

三、教学重点

（一）词汇教学重点

1. 割る、割れる

在本单元中，王宇翔不小心打碎了一只茶碗。教师可提醒学生反复朗读这一段对话，让学生观察对话的特点。

王宇翔：割っちゃった！

……

先生：どうしたの……あらあら、割れちゃったのね……。

我们不难发现，同样一件事情，责任者王宇翔用了他动词，而老师却用了自动词。教师可引导学生思考这样使用的原因及效果，以及是否可以换用。王宇翔通过使用他动词「割る」，表达出自己是这件事情的责任人，从而表现出一种愧疚。老师使用自动词「割れる」，有意规避掉"是谁打碎了茶碗"，而仅仅陈述"茶碗碎了"这一事实，表现出对王宇翔的安慰与宽容。

看似简单的自动词与他动词，在实际场景的使用中却可以起到让人际交往更加顺畅的效果。请观察思考下面的例句。

(1)埃が上がらないようご注意ください。

1. はらう

「はらう」在本课中是"拂去；掸去"的意思。

(1)そういう服装についた泥や埃は、目で見てすぐにわかるので、その泥や埃をはらうなりまた雑巾でふきとることもできます。

(2)ズボンについた雪をはらう。

(3)靴の砂をはらう。

（二）语法教学重点

1.～ばかりに〈消极性的原因〉（→ 条目1）

　　a.「ばかりに」是表原因的句型，前接的形式比较有限，一般只接动词或形容词的过去时「～た」的形式。这是因为「ばかりに」一般用于表示已发生的事情，不用于对未发生事项的推测。

　　b.日语中的原因表达非常丰富，大致可以分为两类，一类是「から」「ので」「ために」等，这些句型是客观的叙述，不包含说话人的主观情感；另一类是「おかげで」「せいで」「ばかりに」等，这些句型带有说话人明显的主观情感。当客观叙述某一事实时，通常不选择「おかげで」「せいで」等表达。例如：

　　(1)中央線は、ただ今、信号故障の{○ために／×せいで／×おかげで}不通となっております。

　　c.「おかげで」用于叙述前项行为引发了良好的结果，表达了说话人感激的心情。用于不好结果时，则是一种"反讽"的特殊用法：

　　(2)友達が手伝ってくれたおかげで仕事がうまく行きました。（正面评价）

　　(3)君が余計なことをしてくれたおかげで、残業することになってしまった。（负面评价）

　　d.「ばかりに」和「せいで」都用于表达不好的结果，语感比较相近。区别在于，「せいで」有强烈的责备他人、归咎他人的语气，相比之下，「ばかりに」只是叙述一个不好的、不理想的事实，如果造成这个事实的不是他人而是自己，或者是客观现实的话，通常用「ばかりに」比「せいで」更合适一些。

　　(4)彼が寝坊して遅刻した{○せいで／？ばかりに}、大事な試合に負けてしまった。

　　(5)その場に私しかいなかった{？せいで／○ばかりに}私が代表にさせられた。

2.～ものだ〈事物的本质〉（→ 条目2）

　　a.形式名词「もの」构成的句型比较多，本课学习的「ものだ」用于叙述事物的本质、真理、客观规律等。除此之外，「ものだ」表示感叹的用法也比较常见，有些用法我们已经学过，课堂上可以串联起来做一个阶段的总结。

　　b.「ものだ」通常还有以下用法：

　　① 要求对方做某事，多用于劝解、教育、说教的场合。

(1)早く寝なさい。子どもは10時前に寝るものだ。

② 对于看到的景象、事物变化等发出感叹。

(2)今は自宅にいながらスマホで買い物ができる。世の中便利になったものだ。

③ 接续「～たい」「ほしい」「～てほしい」等形式，表达说话人的愿望、心情。

(3)今度こそ優勝をとりたいものだ。

④接续「よく（も）」，表达吃惊、意外的语气。

(4)そんなに冷たいことがよく言えたものだな。

ユニット2

1. Vねばならない〈义务〉（→ 条目4）

这个句型中的「Vねば」是古语动词的假定形，动词否定形为「Vぬ」。因此，这个句型也可以说成「Vねばならぬ」。这是一个书面语化的表达方式，多用于正式、庄重的语境下。例如：

(1)我々としても、反省せねばならぬ点は多々ある。

(2)ひとりひとりが、グローバルな視点をもたねばならぬ時代になった。

2. Vるのだった〈后悔〉（→ 条目8）

a. 本课学习的「Vるのだった」是一种虚拟语气的用法，用于叙述应该做而没有做的动作，教学中建议强调这一点。

b. 除了教材中出现的用法之外，「Vるのだった」还可以用于回想已经发生过的事情。例如：

(1)明日会議があるんだった。

(2)この道はよく渋滞するんだった。

例句(1)中，说话人原本忘记了明天有会议，后来想起来之后就可以这么说。虽然是明天的事情，句末依然用「だった」，这一点学生可能会产生疑问，建议加强一下说明：这是过去时的一种表示"回想"的用法。例句(2)的场景可以设想为：自己原本知道这条路常堵车，但是这次忘记了，驶入后被堵在路上时，想起之前的情形发出了感叹。

四、教材练习答案

A 内容確認

(1) 知っていました。「先生は茶室のほうでお待ちです」からわかります。

(2) 丁寧です。例えば、「どうぞお座りください。ようこそおいでくださいました。」という敬語表現を使っています。

(3) 同じではありませんでした。学生は年下で助手も目下ですが、学生はお客さんで、助手は身内にあたるので、学生には敬語を使い、助手には敬語を使いませんでした。

(4) 劉さんの故郷の福建省にはいろいろなお茶を楽しむ習慣があるからです。

(5) 王さんの故郷の長春は空気が乾燥しているから、よくお茶が飲まれています。

(6) 王さんが劉さんから受け取るときに二人の不注意で落としてしまったので割れました。

(7) 怒りませんでした。「王さん、いいんですよ。茶碗というのは、いつかは割れるものなんですから。」や「それにね、物が壊れることを知っておくのも勉強ですから。」からわかります。

B 文法練習

1.
   (1) ～ばかりに
      ①b　　②a　　③就職先が見つからなかった

2.
   (1) ～ものだ
      ①生きることには苦しみや悩み
      ②悪い習慣は簡単に身につく
      ③本当の幸せを買えない
   (2) N_1ならではのN_2
      ①田舎ならではの楽しさ
      ②北海道ならではの大自然の豊かさ
      ③感性

C 会話練習

☞ **ポイント1**

ここをおさえよう！

朴　　：「この部屋、鍵がかかってるよ」
マイク：「えっ、いつもは開いてるのに。誰が鍵をかけたんだろう」
自動詞：「かかる」「開いてる」の場合、ドアの状態が現象としてとらえられ、人の関与を問題にしていない。
他動詞：「かける」の場合、行為者（＝誰）の行為、意志に視点が置かれ、意志的行為であることが強調されている。

❖ 言ってみよう！
(1)傷をつけ（傷つけ）
(2)開（あ）け
(3)見つけて
(4)直し（直しておいた）
(5)冷やして

☞ **ポイント2**

ここをおさえよう！
(1)　「こぼしちゃった」と他動詞で表しています。関与者（三好さん）が自ら自分の（責任や）失敗を認めるため他動詞を使っています。
(2)　「こぼしちゃった」の代わりに「ナル表現（自動詞）」を使った場合、「コーヒーがこぼれちゃった」になります。王さんのレポートであるため、自動詞（こぼれる）を使った場合、自分に何の関係も責任もないことを表現する意味になります。自分の無実を主張する表現となるので、責任逃れにも聞こえてしまいます。

ここをおさえよう！
(1)　「コーヒーがこぼれちゃった」。自分の失敗を問題をせず、目の前の状況に視点を当てています。三好さん自身のレポートであるため、責任逃れにはならないから、自動詞でも誰かに不快感を与えることはありません。
(2)　「コーヒーこぼしちゃった」。眼前の状況より自分の失敗に焦点を当てるをことになる。被害者は自分自身であるため、「こぼれちゃった」でも「こぼしち

やった」でも、問題ありません。

♣言ってみよう！
(1) 落とし
(2) なくしちゃった
(3) 汚し
(4) 車をぶつけて
(5) 壊し

正しいのはどっち？
①壊れちゃった
②消してしまって
③画面が消えた
④コンセントが抜けてる
⑤切っちゃった

☞ポイント３
ここをおさえよう！
(1) 「～と聞いたんですが」と、話を続けるきっかけを作りました。
(2) 「ようでして……」、「と聞きました」。「聞きました」は、伝聞情報。「ようです」は専門家ではないので確信が持てない場合ですが、自分で判断しています。この場合は断定も可能ですが、遠慮がちに述べた表現となっています。特に丁寧ではありません。

A　内容確認
1.
　敬：お互い同士が敬い合うという意味
　清：心の中が清らかだという意味
　寂：どんなときにでも動じない心を作っておくという意味

2. (1)×　(2)×　(3)○　(4)○　(5)×

3.
(1)「その手段」とは「心の汚れやくもりを取りのぞくための手段」を指しています。
(2)自分自身で、自分の力で、自分の気持ちを清めようという心がある状態。
(3)あらかじめ準備をして、どんなときにでも動じない心を作っておくこと。

B 文法練習

1.
(1)～といってよい
　①パソコンを使わない日はほとんどない
　②今日では包装は商品の顔である
　③友達
(2)～けれども
　①もうすぐ課長は戻ってくると思います
　②田中さんならもう来ています
　③お時間は大丈夫でしょうか
(3)疑問詞＋～かというと
　①なぜヨガを始めたかというと
　②計画的に勉強しなかったからだ。
　③自分を磨いて一人前にならなければいけないと思っています
(4)だけ
　①日曜日は寝たいだけ寝る
　②必要なだけ買うようにしてください
　③持ちたいものだ

2.
(1)～なり～なり
　①先生　　友達
　②北京　　上海
　③友達に伝えてもらう　　何（なん）
(2)Vねばならない
　①探さねば
　②考えねば
　③努力せねば

(3) ～とすれば
　　①東京の大学に行きたい
　　②子どもの頃に戻りたい
　　③性格が合う人と結婚したい
(4) Vるのだった
　　①もう少し早く出かける
　　②もっとしっかり練習しておく
　　③最初から断る

五、学習手册答案

会話文のまとめ

　地域のボランティア活動の茶道教室に王さんと劉さんが参加しています。

　王さんは茶道が初めてなので、緊張しています。劉さんは福建省出身で、中国のお茶に詳しいです。お茶の稽古を始めるとき、王さんたちはうっかりして大事な茶碗を割ってしまいました。王さんはすぐ素直に謝りましたが、お茶の先生は、茶碗はいつか割れるものだから、気にしなくていいとやさしく慰めてくれました。

　王さんたちにとって日本の茶道ならではの趣きを味わえたことは、貴重な経験になりました。

実力を試そう

ポイント：
○お茶会に参加するには作法よりその場を尊重する気持ちが重要だ。
○フォーマルで清潔感ある服装が良い。例えば男性ならスーツ、女性ならワンピースなど。
○指輪やネックレスなどお茶碗を傷つけそうなアクセサリー、また、お茶の香りの邪魔になるような強い香水などは避けたほうがいい。
○初心者は先頭の位置に座らない。
○作法がわからない場合には、先頭以外の席に座って周りの人に合わせれば大丈夫。

Ⅰ.文字・語彙・文法

1.(1)①ちゃわん　　②さどう　　(2)①となえる　　②がっしょう
　(3)①しゅみ　　②おもむき　　(4)①はかい　　②こわれる

(5)①あじわう ②しょうみ (6)①かおり ②こうすい
(7)①はなす ②きょり (8)①はずかしい ②はじ
(9)①みずや ②すいえい (10)①なおる ②しょうじき
(11)①じょしゅ ②てまえ (12)①けいこ ②ふるい
(13)①あやまる ②ごかい (14)①うつ ②だげき
(15)①そんけい ②うやまう (16)①ひやす ②れいせい

2. (1)緊張 (2)丁寧 (3)埃 (4)集約 (5)乾燥
(6)和敬清寂 (7)簡潔 (8)裏千家 (9)心構え (10)対処

3. (1) b (2) c (3) a (4) b (5) a (6) d
(7) c (8) a (9) d (10) a (11) d (12) a

4. (1)を (2)なり／でも (3)けれども (4)にも (5)でも／にも
(6)にも／もが (7)に／で (8)に (9)に (10)より

5. (1)お座り／お座りになって (2)お聞きし
(3)お集まり／お集まになって (4)ご存じ
(5)いらっしゃる／お越しになる／お出でになる／お見えになる／来られる
(6)お取り／お取りになって

6. (1) a (2) b (3) d (4) c (5) b (6) a (7) d (8) c (9) a (10) c

7. 参考译文
　　把日文中所有假名在一首和歌中都使用一遍并使其有寓意，这样的和歌早在平安时期就出现了。其中最为人熟知的是"いろは歌"。即："いろはにほへとちりぬるをわかよたれそつねならむうゐのおくやまけふこえてあさきゆめみしゑひもせす"。
　　把这首和歌中的一部分假名替换成汉字，就是一首有佛教寓意的47字和歌。即"色は匂へど散りぬるを、我が世誰ぞ常ならむ。有為(うゐ)の奥山今日越えて、浅き夢見じ、酔ひもせず"。和歌大意是：花虽香，终会谢。世上有谁能常在？凡尘山，今日越。俗梦已醒醉亦散。之后又添加了一个假名"ん"成了"いろは48字"和歌。

"いろは"（假名排序）一直沿用到了明治、大正年代，一些字典的词条也是按照"いろは"的顺序排列的。时至今日一些剧场的座次排列还保留着"いろは"的顺序。

Ⅱ．听力
1.（1）
　　① 留学生の友人に自動詞と他動詞について教えてくれと頼まれたので、伊藤先生にわかりやすく説明する方法を教えてもらいました。
　　② 一般的な説明では目的語があるのが他動詞です。
　　③ 助詞の「を」がつかないものが自動詞です。
　　④ 自動詞と他動詞を助詞とセットで覚えたほうがいいです。
　　⑤ 短文をつけて自動詞、他動詞の表を自分で作るといいです。ノートの左が自動詞、右が他動詞。
（2）
　　①「あける」という言葉について伊藤先生に教えてもらいました。
　　②「あける」という言葉は漢字を使い分けることで自動詞か他動詞かを使い分けることができる。
　　③「明」という漢字を使う場合は自動詞で、「開」と「空」は他動詞です。

2.（1）a　×　　b　○　　c　○　　d　×
　（2）a　×　　b　×　　c　○　　d　○

Ⅲ．阅读
略

六、学习手册听力录音稿

実力を試そう
　　初心者の方が「このお茶会に参加するために作法を覚えておかなければ」ということは全くないかと思います。作法がないとお茶会が成立しないわけではなく、その場を尊重する気持ちだけ持っていれば大丈夫です。服装については、男性ならスーツ、女性ならワンピースなど「フォーマルで清潔感ある服装」が良いです。指輪やネックレスなどお茶碗を傷つけそうなアクセサリー、また、お茶の香りの邪魔になるような強い香水などは避けましょう。お茶会での客の先頭の位置に座る人とい

うのは、「正客」と呼ばれ、亭主と会話するなどの特別な役割があります。ですので、先頭の位置に座らないということだけお気をつけください。もし勧められても、「初めてのお茶会ですので」と正直にお伝えしてお断りすれば大丈夫です。作法がわからない場合には、先頭以外の席に座って周りの人に合わせれば大丈夫です。周りの人に合わすときに、タイミングが遅れたり、間違ったりもするでしょうが、そういうことは問題にはなりません。その場に合わせるということは、その場に対する尊重を示すということになりますから、そういう意味で、わからなくても周りの人に合わせるという姿勢が重要視されているのです。初めてのお茶会というのは、不安も多いでしょうが、亭主側が粛々と動く、静かなお茶室の中でいただくお茶の味は格別ですよ。

テスト

1. (1) A：うーん、自動詞と他動詞か……。

    B：どうしたの、難しそうな顔して。

    A：あ、おはようございます。伊藤先生。実は留学生の友人に自動詞と他動詞について教えてくれって頼まれたんですけど、どうやって説明したらいいのか……。

    B：そうだねえ……、一般的な説明では目的語があるのが他動詞だね。例えば「私は〜を壊した」というように、助詞の「を」がつくもの。それで、「〜が壊れた」というふうに助詞の「を」がつかないものが自動詞。

    A：なるほど。では、どうやって覚えたら効率的ですか。

    B：助詞は動詞とセットで覚えなきゃいけないね。あとは短文をつけて自動詞、他動詞の表を自分で作るといいよ。例えばこういうふうに、「電気が消える」と「電気を消す」とか、「ジュースがこぼれる」と「ジュースをこぼす」とかね。ノートの左が自動詞、右が他動詞。

    A：そうか。それはいいアイデアですね。

   (2) A：伊藤先生、この前はありがとうございました。

    B：どういたしまして。役に立った？

    A：はい、友人もとても喜んでいました。ところでまた質問したいことがあるんですが……。

    B：いいよ。私にわかることだったら何でも。

第6課　茶道体験

A：「あける」って言葉は自動詞、他動詞、どちらなんでしょうか。
B：「あける」か。これはちょっと特別な言葉なんだよ。例えば「梅雨があける」、「夜があける」という場合は自動詞だし、「窓をあける」、「部屋をあける」という場合は他動詞なんだよ。
A：難しい言葉なんですね。じゃあ、どうやって使い分ければいいんでしょうか。
B：はじめの二つの自動詞は「明るい」の「明」（メイ）の漢字を使って、次のは「開（ひら）く」の「開」（カイ）の字、最後のは「空」（そら）の字を使って区別すればいいね。最近は国語力が下がっているなんていうけど、漢字力も若い頃の読書量が関係してるんだよ。
A：そうなんですね。ためになりました。僕たち日本人も日本語についてちゃんと知っておかなくちゃいけないんですね。

2.
(1) A：初めまして、中国から来た王と申します。会社ではいつも鬼山部長にお世話になっております。
B：こちらこそ、初めまして。お名前はよく伺っております。
A：本日はお招きくださいまして、ありがとうございます。
B：いえいえ。主人がよく王さんはとても優秀だって話しているので、王さんがうちにいらっしゃるのをずっと楽しみにしていたんですよ。
A：優秀だなんてそんな……、まだまだ勉強不足で。でも、褒めてくださって、とてもうれしいです。あのー、これ、つまらないものですが、どうぞ召し上がってください。故郷のお茶で、今年の新茶です。
B：ご丁寧に、どうもすみません、気を遣わせてしまったようで。さあ、王さん、大したおもてなしはできませんが、たくさん召し上がってくださいね。
A：はい、いただきます。
(2) A：ところで、王さんはいつ日本へいらしたの？
B：今年の4月です。もう半年以上たち経ちました。
A：そう。もう日本の生活には慣れましたか。
B：はい、おかげさまで。でも、朝の電車のラッシュは大変ですね。
A：そうですね。最近は企業によってはフレックスタイム制といって、勤務時間の長さだけが決まっていて、出勤と退勤の時刻を固定しない方法を

取っているところもあるんですよ。私が勤めている企業もフレックスタイム制が取られています。

B：そうなんですか。それはいい方法ですね。私は北京出身なんですが、向こうも朝は道路がすごく渋滞して大変なんです。

A：北京ではどんなお仕事だったんですか。

B：ネットオークションを扱う日系企業でした。以前もソフト開発でしたので、こちらでもプログラマーとして、鬼山部長にいろいろ教えていただいています。

七、课文翻译

ユニット1 碗打碎了！

（王宇翔和刘芳参加社区的志愿者活动——茶道课）

刘　：抱歉，打搅一下，我是东西大学的留学生，我姓刘。森山老师的茶道课是在这里上吗?

助教：哦，是东西大学的学生！是这儿，请进吧。老师在茶室里等你们呢。

（在茶室的入口处）打搅一下，老师，东西大学的学生来了。

老师：哦，请他们进来吧。

助手：好的。（对二人说）请进。

刘、王：那就打搅了。

老师：请坐。（二人落座）欢迎你们！我是在这里教茶道的森山。（行礼）

刘　：我叫刘芳，请多关照。（行礼）

王　：我叫王宇翔。（行礼）我是第一次学习茶道，所以很紧张。

老师：是吗? 今天好好放松一下吧。

刘、王：谢谢。

助教：我听说中国也有茶道……

刘　：是的，有一种叫做工夫茶的，要认真细致地沏茶，享受茶的味道和香气。

老师：哦，就是那种用小茶杯来喝的茶吧?

刘　：是的。在中国，茶的种类很多，种类不同沏法也不同。

老师：你知道的真多呀！

刘　：那倒没有。因为我是福建人，在我的家乡有各种品茶的习俗。

老师：是吗，那真不错。王宇翔，你是哪里人?

王　：我是长春人，因为是北方，所以产不了茶叶。但天气很干燥，大家都经常

喝茶。
老师：哦，是这样啊。好，我们开始练习茶道吧。
刘　：好的，请您指教！
助教：先请到这边来……（来到洗茶具处）请把这些茶碗摆好。
刘　：好的。
王　：啊，刘芳，我……啊！！（咔嚓）
刘　：怎么办啊！
王　：碗打碎了！
助教：老师，请您来一下。
老师：怎么了？哎呀，碗碎了……
王　：实在对不起！
刘　：就因为我没拿住……
王　：不，是我不小心把碗摔了。
老师：王宇翔，没关系的。茶碗总是要坏的嘛。
王　：可是……
老师：但我们知道了东西是会损坏的，这也是一种学习。
刘　：是吗……
老师：好，换成这个碗，再做一次吧。
王　：好的，真是对不起！
（茶道练习结束）
刘　：今天真是非常感谢！我们感受到了日本茶道特有的趣味。
王　：打碎了老师珍贵的茶碗，十分抱歉！但也因此有了难得的经历。
老师：那太好了，今后请一定再来啊！
助教：老师，我也收获很大。以后再摔了茶碗，我也不在意了。
老师：嗯？那可不行……（众人笑）

2 和敬清寂

　　提到茶道精神，可以说都概括在利休倡导的"和敬清寂"这四个字当中了。这四个字可以简单地解释如下。
　　首先，"和"指的是相互友好、和睦相处。第二个字"敬"是尊敬的"敬"，表示相互尊敬的意思。下一个是"清"，人们常把它误写成"静"，这是不对的，正确的写法应该是"清"，顾名思义，就是"清洁"的意思。它不仅指眼睛看得见的洁净，

还指心灵上的纯洁。大家在操场上玩球的时候，常会把衬衫和裤子弄脏，这种蹭在衣服上的泥土和灰尘一下子就能看出来，也能掸去或用抹布擦去。但脸和头发上的灰尘却不易被发现，它们可能和衣服或手上的灰尘一样脏，只是由于看不见才不觉得那么脏而已。像这种有形的东西很容易被发觉，而像人的内心这种无形的东西，究竟有多么污浊就不得而知了。内心的污浊并不像衣服上的泥土那样可以用抹布擦去。

那么，应该如何除去这种内心的污浊和负疚呢？我们必须要找到某种方法，那种方法恐怕就是"净心"了。要靠自身的力量使自我的心灵得到净化，这种精神是至关重要的。如果你能够达到这种境界，可以说那将是无比幸福的。

最后一个"寂"字是什么意思呢？它表示在任何时候都不会动摇。任何人都无法预测自己的将来，因此我们要有这样的心态——无论遇到什么事情都不为所动。比如说，大家经常在课堂上突然被老师提问，会吓一跳吧，这时你再感叹"哎，要是提前预习就好了"，也为时已晚。像这种为了不丢脸、不出丑而事先预习，即做好心理准备，就可以称为"寂"。

大家在做茶道时应该想到、思考一下"和敬清寂"。不仅仅是思考，在你为客人点茶时，或是作为客人品茶时，都应想着去应用它、实践它，这是非常重要的。

引自千宗室《里千家茶道教科》卷一

第7課　異文化理解

一、教学目标

1. 能向他人表达自己的不满，委婉地表示不赞成他人的意见。
2. 能掌握随笔的写作特征，陈述自己的经历及当时的心情。
3. 探究日常生活中的中日文化差异，提升跨文化交际能力。

二、语言知识点、学习重点及拓展教学提示

1. 语言知识点及学习重点

ユニット1

语言知识点	学习重点
①Nじゃ（では）あるまいし〈否定性原因〉 ②～くせに〈转折〉 ③Vてばかりだ／てばかりいる〈限定状态〉 ④一っぱなし〈放任〉 ⑤Vずにはいられない〈不由自主〉 ⑥Vきる／きれる／きれない〈动作彻底与否〉	①理解「Nじゃ（では）あるまいし」的含义，运用该句型表达自己的不满。 ②掌握「～くせに」的接续形式，运用该句型表达不满、责备、轻蔑等语气。 ③理解「一っぱなし」的两种含义并恰当地运用。

ユニット2

语言知识点	学习重点
①～といえば～〈让步〉 ②～ものだ〈回顾、感叹〉 ③Nをもって〈手段、方式〉 ④N／Vがちだ〈容易出现的情况〉 ⑤Vてこそ〈凸显〉 ⑥Nに基づいて／に基づき〈基准〉 ⑦とても～ない〈否定可能性〉 ⑧Vようがない／ようもない〈无法〉	①理解表示"回顾、感叹"意义的「～ものだ」的用法，与「～ものだ」的其他用法做对比、辨析。 ②区分「Vがち」与「Vやすい」的不同。 ③理解「Vてこそ」的含义并合理运用。 ④掌握理解「Vようがない／ようもない」的接续，理解语义并合理运用。

2. 拓展教学提示

(1) 搜集中日文化差异的具体事例，探讨解决文化冲突的方法。

(2) 对比日语与汉语中致谢、道歉、拜访、送礼等交际场面的表达方式，提升跨文化交际能力。

三、教学重点

（一）词汇教学重点

1. さすがに

与第3课学习的表达赞叹的「さすが」语义不同，本课出现的「さすがに」表达的是说话人的负面评价。

(1) ラーメンはおいしいけど、さすがに毎日食べると飽きてしまう。

(2) 今日は東京で40度を超えたと知ってさすがに驚いた．。

(3) これを一日で全部やるなんてさすがに無理だ。

(4) 深夜に一人で山道を歩いたときはさすがに怖かった。

(5) 何を頼んでも「できません」といわれては、さすがに困ってしまう。

1. 言い争う

在目前为止的学习中，我们已经接触过很多类似「言い争う」这样的复合动词。复合动词的意义并不是简单的前项动词与后项动词意义的叠加，两个动词相遇后，可以产生新的意义。教师在课堂上可以引导学生在平时的阅读中多留意这些复合动词，体会作者的用意，同时可以思考如何用中文表达这些复合动词。在高年级，很多学校都要开设笔译、口译甚至同声传译的课程，及早让学生留意这些日语独特的表达方式，可以为今后的学习做好准备，打下基础。例如：

(1) あした、空港へ行って、向こうの留学生たちを<u>出迎える</u>。

(2) 新しい管理制度を<u>取り入れ</u>、企業がようやく軌道に乗った。

(3) 優秀な選手をチームに<u>引き留める</u>。

（二）语法教学重点

1. ～くせに〈转折〉（→ 条目2）

「～くせに」用于口语，表达说话人对对方或第三方的批评、指责、不满等，不用于自身，前后句需为同一个主语。

(1) さっきまでは晴れた｛×くせに　○のに｝、急に空が曇って雨が降り出した。

(2) こんなに頑張っている｛×くせに　○のに｝、成果が出ない。

(3) 彼は断った｛×くせに　○のに｝、相手はあきらめなかった。

本课会话中出现的「もらうときはものすごく遠慮するくせに、もらったあとはいつまでもほめるのよね」，是较为强烈的语气，实际不会这样使用。

2. Vてばかりだ／てばかりいる〈限定状态〉（→ 条目3）

该句型也表达说话人不满、批评、抱怨的语气。可利用以下句型让学生造句练习。

Vてばかりいないで、Vてください／なさい。

Vてばかりだと／Vてばかりいると、～。

举例如下：

(1) ゲームしてばかりいないで、ちゃんと勉強しなさい。

(2) 仕事で怒られてばかりだと、自尊心や自信を失ってしまう。

3. Vずにはいられない〈不由自主〉（→ 条目5）

a. 该句型以双重否定的形式表达说话人不由自主地做某事的心情，前接动词一般为「怒る／泣く／笑う／思う／感じる／感動する／心配する」以及「食べる／飲む／言う」等。也说「Vないではいられない」。需要注意其与「Vなければならない」的区分。

(1) 急用ができたので、｛○帰らなければならない　×帰らずにはいられない｝。

(2) あの店に行ったら、何か買って｛??帰らなければならない　○帰らずにはいられない｝。

b. 该句型表达的是说话人的感觉、感情，主语为第三人称时，需要在句末加「～ようだ／らしい／だろう」等表达方式。

(3)兄はストレスがたまると、飲まずにはいられないらしい。

(4)こんな景色を見たら誰でも運転をやめて眺めずにはいられないだろう。

1. ～ものだ〈回顾、感叹〉　（→ 条目2）

「～ものだ」用于句末表达的是说话人感慨的语气，第6课学习了表达常理、规律等的「～ものだ」的用法，本课学习的是表达回忆及感叹的用法。

　　a. 表达回忆。注意需前接「Vた」。

(1)あのごろ、週末にはよく仲間と海で遊んだものだ。

(2)幼い頃は人見知りが激しくて、よく両親を困らせたものだ。

　　b. 表达感叹。多前接形容词。

(3)人生は素晴らしいものだ。

(4)世の中は、便利になったものだ。ネットで、なんでも調べられる。

2. N／Vがちだ〈容易出现的情况〉（→ 条目4）

　　a. 该句型表达消极义的动作或变化容易发生之义，一般前接动词的第一连用形，也接「病気／遠慮／留守」等名词。注意接「Vている」的「Vていがち」是错误的表达方式。此外，也需要提醒学生注意以下误用。

　　　×風邪がち　→　風邪を引きがち

　　　×不安がち　→　不安になりがち

　　　×故障がち　→　故障しがち

　　b. 注意区分「Vやすい」和「Vがち」的用法。「Vやすい」可表达事情简单、容易的含义，「Vがち」则没有该含义。

(1)この肉は柔らかくて｛〇食べやすい　×食べがちだ｝。

(2)このお皿は｛〇割れやすい　×割れがちだ｝。

(3)暇な時に、お菓子を｛×食べやすい　〇食べがちだ｝。

　　c. 可引导学生使用常用的「ありがち／曇りがち／遅れがち／病気がち／忘れがち／休みがち／～になりがち／起こりがち／不足しがち」等造句。

3. Vようがない／ようもない〈无法〉（→ 条目8）

　　a. 该句型中的「よう」意为"方法，手段"，「ようがない／ようもない」前接的是动词第一连用形，提醒学生不要与动词的意志形「V（よ）う」混淆。

　　b. 「連絡する」这样的サ变动词后接「ようがない／ようもない」时，经常变为「名词＋の＋しようがない／しようもない」，如(1)。「名词＋を＋动词」后接

「ようがない／ようもない」时，有时变为「名词＋の＋动词第一连用形＋ようがない／ようもない」，如(2)。

(1)連絡しようがない　→　連絡のしようがない

(2)事故を防ぎようがない　→　事故の防ぎようがない

c.「どうしようもない」「～としか言いようがない」是固定的表达方式。

(3)職場にどうしようもない人がいて困っている。

(4)これは自然界の奇跡としか言いようがない。

(5)若いのにこんなすばらしい作品が作れるなんて、天才としか言いようがない。

四、教材练习答案

A　内容確認

(1)劉さんが大家さんに手作りのギョーザを持っていったら、すぐその場でリンゴをお返しとして渡されたからです。日本の習慣だとわかっていても、劉さんは「物々交換」をされたようで嫌な気持ちになっています。

(2)朴さんです。誠意が感じられないという理由で、劉さんに共感しています。

(3)タイと、中国の王さんの地元です。ただし、どちらも、すぐにはお返しをしないところが日本の習慣と異なっています。

(4)「もらうときはものすごく遠慮するくせに、もらったあとはいつまでもほめる」という例が挙げられています。

(5)三好さんはそれが日本では普通だと考えています。

(6)三好さんは、ちょうどいいと考えています。お返しが立派すぎると相手の負担になるし、同じぐらいのお返しでバランスを取るのもわざとらしいからです。

(7)納得していませんが、怒りは落ち着いたようです。

(8)出世払いにするから、何もしないと言っています。

B　文法練習

1.

(1) Nじゃ（では）あるまいし

①b　②a　③泣かないでください

(2) ～くせに
　　①b　　②b　　③知らないふりをしている
(3) Ｖてばかりだ／Ｖてばかりいる
　　①b　　②a　　③スマホで遊ん（で）
(4) -っぱなし
　　①a　　②b　　③立ち

2.
(1) Ｖずにはいられない
　　①泣か　　②注意せ　　③買わ

(2) Ｖきる／きれる／きれない
　　①売り　　②把握し　　③話し

C　会話練習
☞ ポイント１
ここをおさえよう！
(1)マイクさんは「彼女」の態度に不満です。
　　「どうして彼女、振り向いてくれないんだろう」
　　「毎日こんなに熱い視線を送ってるのに。」
　　「って言われてもね」
　　「その気がないならはっきりそう言ってくれたらいいのに」
(2)マイクさんは「彼女」振り向いてほしい、その気がないならはっきりそう言ってほしいと思っています。

☞ ポイント２
ここをおさえよう！
(1)いつもより厳しいと感じました。
(2)王さんはチャリヤーさんの気持ちに共感しています。
　　「そうだね。……感じだったよね」
(3)マリーさんは、チャリヤーさんと王さんが言ったことに共感できないようです。「私はちゃんと直してくれるんだったら、ちょっとぐらい厳しくても大丈夫かな」その代わりに、「先生は学生に厳しくした方がいい。」や「先生は

厳しい方がいいでしょう。」と言うと自己主張が強いような印象を与えてしまいます。マリーさんは共感できないことをソフトに伝えるようにしています。
(4)チャリヤーさんはマリーさんが言ったことに共感できない部分があります。
「ふーん、そんなふうに思う人もいるんだ（私はそう思わないけど）」

☞ ポイント3
ここをおさえよう！
(1) マイクさんは彼女が全然振り向いてくれないことに納得できない気持ちでいました。
(2) マイクさんは、マリーさんの①の話を聞いて十分に納得していません。
「そういうことなのかな……」
(3) マイクさんは、さらに、マリーさんの②の話を聞いて納得できました。
「なーんだ、そういうことだったんだ」

正しいのはどっち？
①そうだね　　　　　　　②打たせてくれない　　　　③入ったのに
④上達しないんじゃないかな　⑤うーん、そういうことなのかな

♣ 発展練習
参考：目上の人にも上手に不満が言える例
　　　文末を少し変えればいいです。
→〜じゃないかな→じゃないかと思うんですけど……。
　〜そういうことなのかな→そういうことなのかもしれませんね……
　〜せっかく〜したのに→せっかく〜したんですけどね、ちょっと残念です……

A　内容確認
1.
　①目的　　　　　　②目的を達成するための手段　　　③目的
　④男が女を泣かせた　⑤人間を泣かせる重みのあるもの
　⑥感動と恐ろしさを覚えさせる重みのある

2.
　(1) 外国旅行中に言葉について考えさせられることです。
　(2) 大学で勉強した中国語が中国で役に立ったからです。
　(3) 中国語の「四声」がうまく上げ下げできなかったことです。食堂で「茶」の2声と「叉」の1声を間違えたために、お茶ではなくフォークが出てきたという失敗が筆者に起きました。
　(4) 言葉を道具や手段として使う体験です。自分が発した「ウォヤオピングォ」という音が、ある法則を持って相手の頭の中に伝わり、「ああ彼女はリンゴがほしいのだな」ということが理解されるという体験です。
　(5) 伝えたいという目的を達成するための手段や道具として言葉があることです。
　(6) 言葉には人間を泣かせる重みがあり、感動と恐ろしさを覚えさせるものだと実感したからです。
　(7) 中国の列車で出会った少女が、父親のように見える男性とごく普通に話していたのに、ある瞬間の言葉に傷つけられて、突然涙を流したという状況です。

B　文法練習

1.
　(1) ～といえば～
　　　①a　　②b　　③面白いと思う
　(2) N/Vがちだ
　　　①b　　②a　　③忘れ
　(3) Vてこそ
　　　①a　　②a　　③人々は幸せになる
　(4) Vようがない/ようもない
　　　①a　　②a　　③せっかく洗濯物を外に干したのに急に雨が降り出す

2.
　(1) ～ものだ
　　　①悪い点を取って父にしかられた
　　　②あんな無責任なことがよく言える
　　　③よく海辺で遊んだものだ

(2) Nに基づいて/に基づき
　　①古い話に基づいて作られたゲーム
　　②人は過去の記憶や経験に基づいて行動
　　③レポートを書いた
(3) とても～ない
　　①美しさは言葉ではとても表現できない
　　②そんな企画が通るとはとても思えない
　　③資料　　　　読みきれない

五、学习手册答案
会話文のまとめ
　寮の談話室でチャリヤーさんと王さんと朴さんが話していたら、劉さんが興奮した様子でりんごがのったお皿を持って入ってきました。
　手作りのギョーザを劉さんが大家さんに持って行ったら、お返しにリンゴを3つ渡されたそうです。
　劉さんは大家さんの行動が理解できず、大家さんに喜んでもらいたかっただけなのに、物々交換みたいになった結果を悲しく感じています。
　チャリヤーさんは、タイにもお返しの習慣があると理解を示しました。ただし、タイではすぐその場では返さないそうです。
　王さんもお返しに理解を示しましたが、その場で返したことは理解できないと話し、さらに、一生懸命作ったギョーザに対してりんご3個ではお返しとして不適切だと考えています。
　朴さんは、別の人からもらった物を交換に使ったことに誠意が感じられないと話していますし、何度も感謝されるのも催促されているように感じるそうです。
　後から談話室に入ってきた三好さんが、お返しの習慣が相手の負担にならないようにする配慮だと、留学生たちのカルチャーショックに対して説明してくれました。
　異文化コミュニケーションでは、相手と自分の相違点を客観的に捉え、理解し、尊重する姿勢が最も必要かつ大切なことです。「ギョーザにりんご事件」は留学生たちにとって異文化コミュニケーション、異文化摩擦を考えるいい機会になったと思います。

実力を試そう

　　我在中国独自旅行了大约一个月。我游览了北京、上海、西安、成都、哈尔滨、大连等地。中国是一个美妙的国家，我非常喜欢中国，但每天我还是感受到了与日本的文化和习惯的差异带来的文化冲击。

　　首先，最令我印象深刻的是中国人的微笑。中国人基本上都很友善，即使是陌生人也会轻松地与你交谈。爷爷奶奶们都很有活力，经常在公园里做体操或高声唱歌。中国人说话的音量似乎较大。还有，大家对摄影的热情真是很高。

　　其次，中国的历史辉煌，历史建筑的规模也不同凡响。雄伟壮丽的长城、故宫、兵马俑、乐山大佛等等让我感到震撼。

　　繁华街区的热闹氛围总是让我兴奋。我很惊讶无论去哪里都有那么多人。

　　中国的食物真的很美味。能品尝正宗的中华料理真的很幸福。

　　还有，虽然在日本听说过，但来到这里我亲身体验到了智能手机的便利。在中国几乎所有的支付都可以通过电子钱包完成，所以不需要钱包。通过支付宝、微信支付几乎可以购买所有物品。

　　中国正在加速现代化，但年轻人对历史的兴趣让我感到意外。在街上有时能看到穿着汉服的年轻人。此外，像诸葛亮等历史人物仍然非常受欢迎，网络游戏中也有很多历史题材。

　　通过这次旅行，我对中国这个国家产生了亲近感，也稍微了解了一些中国的情况。我希望以后能利用假期去看看更多的城市。

Ⅰ．文字・語彙・文法

1. (1) ぶつぶつこうかん　(2) えんりょ　(3) なまいき　(4) ふたん　(5) きょうしゅく
　 (6) さっかく　(7) おおや　(8) ちんもく　(9) かたこと　(10) あさいち

2. (1) 愛嬌　(2) 度胸　(3) 無責任　(4) 催促　(5) 摩擦
　 (6) 納得　(7) 世辞　(8) 必死　(9) 出世　(10) 達成

3. (1) a　(2) b　(3) d　(4) a　(5) a　(6) b　(7) c　(8) d　(9) c　(10) a

4. (1) 気がない　(2) 気になる　(3) 気がある　(4) 声をかけられて
　 (5) 目が合って　(6) 口を利いて　(7) 身を置く　(8) きりがない

5. (1) c　(2) a　(3) e　(4) g　(5) h　(6) d　(7) f　(8) i　(9) b

第7課　異文化理解

6. (1) にも　(2) ほど　(3) のに　(4) には／なら／にも
   (5) だけ　(6) に　(7) でさえ／さえも／すらも　(8) への

7. (1) 食べ　(2) 立ちっ　(3) 言わ、心配せず　(4) 信じさせる
   (5) 大学生の　(6) 閉めずに　(7) しよう

8. (1) c　(2) d　(3) d　(4) b　(5) a　(6) a　(7) d　(8) b　(9) d　(10) c

9. (1) c　(2) c　(3) d　(4) d　(5) a　(6) c
   (7) b　(8) b　(9) a　(10) c　(11) a

Ⅱ．听力

1. (1) b　(2) d　(3) d

2. (1) ○　(2) ×　(3) ×　(4) ○

Ⅲ．阅读

(1) d　(2) c　(3) c

六、学习手册听力录音稿

実力を試そう

　私は中国で1か月ぐらい一人旅をしました。北京、上海、西安、成都、ハルビン、大連などを回りました。中国は素晴らしい国で、私は中国が大好きですが、それでも日本との文化や習慣の違いにカルチャーショックを受ける毎日でした。

　まず、最も印象に残っているのは中国の方の笑顔です。中国の方は基本的にみんなフレンドリーで、知らない人でも気軽に話しかけてくれます。おじいちゃん、おばあちゃんが元気で、よく公園で体操したり、熱唱したりしています。声のトーンが大きい方が多いようです。それから、みなさん写真撮影への情熱がスゴイです。

　次は中国の歴史が壮大なだけあって、歴史的建造物のスケールが違うということです。万里の長城、紫禁城、兵馬俑、楽山大仏などなど、その雄大さに圧倒されました。

　繁華街の賑わいにはいつもわくわくしました。どこに行っても人が多いことに驚きました。

　食べ物はなんでもおいしいです。本場の中華料理を食べることができて幸せです。

それから、日本では聞いていましたが、こちらに来てスマホの便利さを体験できました。中国ではほぼ全ての支払いが電子マネーで出来るので、財布は要りません。Alipay、WeChatPayでほぼすべての買い物が出来ます。
　こんな近代化が進んでいる中国ですが、歴史に感心を持つ若者が多いのが意外でした。街では時々「漢服」姿の若者を見かけます。また、諸葛亮など歴史人物の人気は未だに健在で、オンラインゲームも歴史物が多いようです。
　今回の旅で、中国という国に親近感を持つようになり、少しだけ中国のことが分かったと思います。これから休みを利用してもっといろいろな街を見てみたいと思います。

テスト
1.
　(1) 質問：鬼山部長は、鈴木さんに何と言っていますか。
　　A：鈴木君、また同じところにミスがあるねえ。これは一体どういうことなのかなあ。
　　B：えっ。あ、鬼山部長。あのー、そのー、す、すみません。
　　A：困るんだよねえ、こう何度も繰り返されると、会社全体にも影響するんだよねえ。わかってる？こういうミスが後々大きな損失となる場合だってあるんだよ。
　　B：は、はい。以後十分に気をつけます。今すぐにやり直して、午後にもう一度お持ちします。
　　A：本当にもう、頼むよ。この不景気の中、仕事の効率を考えないと、どんな企業だって倒産してしまうんだから。君だって実家を離れてこの東京砂漠で一人で生きていかなくちゃならないんだ。わかるだろう。そもそも最近の若者はなあ、もうちょっとこうなんというか……。
　　B：は、はい、努力させていただきます。
　　質問：鬼山部長は、鈴木さんに何と言っていますか。
　　a. 何度もミスを繰り返すのは素人じゃありません。
　　b. 小さなミスが大きな問題になる可能性もあります。
　　c. 世の中は不景気でも、どんな企業も倒産しません。
　　d. 東京は砂漠なので、一人で生きなければなりません。
　(2) 質問：アンディさんのお兄さんは何と言っていますか。
　　A：おい、アンディ、どうしたんだよ、元気ないじゃないか。
　　B：あ、兄さん。はあ。

第7課　異文化理解

A：なんだ、また舞子ちゃんとケンカでもしたのか。
B：ケンカというかなんというか……。実はこの前の日曜、渋谷でデートする約束だったんだけど、ちょうど山手線で事故があって、待ち合わせに遅れちゃったんだよ。
A：そんなことか。何分遅れたんだ？
B：2分。
A：たったの2分？
B：それで、舞子ちゃん、怒って帰っちゃったんだよ。自分が遅れる時はいつも1時間は僕を待たせるくせに……。しかも、もう二日も経ってるのにまだ口も利いてくれないんだ。
A：アンディ、ここは男らしく、びしっとはっきり言うべきだぞ。いつまでも言いなりになっていると、将来大変なことになるぞ。それでもいいのか。
B：兄さん、兄さんは舞子ちゃんのこと知らないから、そんなに簡単に言うんだよ。

質問：アンディさんのお兄さん何と言っていますか。
 a．舞子さんは日曜日、山手線の事故で待ち合わせに遅れました。
 b．舞子さんはデートでいつも必ず一時間は遅れて来ます。
 c．舞子さんはもう二日も口が利けません。
 d．アンディさんがもっと強気になったほうがいいと言っています。

(3) 質問：本田君は、どうして松田君からお金を貸してもらえないのですか。
A：困ったなあ。
B：本田君、どうしたの？
A：松田君がお金を貸してくれないんだよ。今週彼女の誕生日でプレゼントを買わなくちゃいけないのに……。少しくらい貸してくれてもいいのに。松田君はけちだよ。
B：金持ちの社長じゃあるまいし、松田君だって簡単には貸せないわよ。それで、いくら貸してくれって頼んだの？
A：えーと、先週が一万円で、今日はたったの五千円。あ、そういえば先月の二万円、まだ返してなかった。
B：そんなに。それはもう、絶対に貸してくれないと思うわ。
A：ああ、彼女のプレゼント、どうしよう……。

質問：本田君は、どうして松田君からお金を貸してもらえないのですか。

a．松田君の誕生日ではありませんから。

　　　b．本田君がけちだからです。

　　　c．松田君はまだ学生で、社長ではないからです。

　　　d．本田君が以前に借りたお金を返さないからです。

2.
　　A：うーん、やっぱり答えが間違ってるなあ。どこがいけないんだろう。

　　B：慎吾君、何の問題？

　　A：数学の宿題なんだけど、さくらちゃん、わかる？　俺、昔から数学が苦手で……。

　　B：数学か、ちょっと自信ないけど。えーと、下の図の円錐の体積を求めなさいか。

　　A：うん。この図形なんだけど、円の半径が3で、高さが10。

　　B：まず、円の面積がπ×rの2乗だから、π×3の2乗で、9π。

　　A：それで、高さが10だから、9π×10で90π、それを二分の一にして……。

　　B：え？　そこ違うわよ。円錐の体積はπ×rの2乗×高さ÷3よ。

　　A：ああ、そうか。ここが間違ってたんだ。

　　B：おっちょこちょいね。こんな簡単なところを間違えるなんて。

　　A：やっとわかった。それで、「30π」のπを3.14で計算すると……。できた。

　　B：よかったね。

　　A：ありがとう。これで明日の提出に間に合った。お礼に今度駅前の大盛りラーメンおごるよ。

七、课文翻译

ユニット1 饺子和苹果！

（在谈话室，刘芳有些激动地端着一盘苹果进来了。）

查理：哟？刘芳，这是怎么回事？

刘　：这是房东给我的。

查理：那挺好的啊。有什么不对的吗？

刘　：哦，我包了好多饺子，也给房东端过去了一些。

查理：哦，哦。

刘　：然后房东说："这是别人送我的苹果，就当回礼吧。"

朴　：回礼?

刘　：是啊，饺子还没吃呢就提回礼，又不是交换东西。

王　：包饺子可挺费事的!

刘　：对吧，可他却说我这儿有朋友送的苹果，你拿去吧。

朴　：这么做总让人觉得没有诚意。

查理：啊，是吗? 泰国也有还礼的习惯，但不是立刻还。

王　：那和我们老家差不多，不是立刻还，是之后合适的时候还，听我奶奶这么说的。

刘　：是吧，我家那里也是经常互相送礼，不过没有想过因为收了别人东西而还礼。

王　：嗯，收到的当时就还礼，确实太快了。

刘　：他怎么就不懂我的心意呢，真有点伤心了。不过，唉，算了。

朴　：这么一说倒也是，我给房东家的母亲送了礼，很快就收到了回礼。

刘　：真是这样，他（她）们收礼的时候特别客气，收下后就一直夸礼物好。刚来日本的时候特别不理解。

朴　：没错没错，老跟你道谢，让人觉得好像还想要似的。

查理：哦，还有人这么理解啊，这挺意外的。

（三好进来了。）

三好：你们说得挺热闹啊。

刘　：我们在说给日本人送礼难呢。

三好：啊，为什么?

朴　：刘芳自己包了饺子给房东送去了，房东马上回送了她苹果，三好你怎么看这件事?

三好：这，有什么奇怪的吗? 在日本一般都这样啊。

刘　：啊，真的?

三好：我妈收到邻居送的东西，也要还礼的呀。

刘　：哦……

三好：光收不还不太礼貌，而且日本人觉得不还礼心里就不踏实。

王　：哦，是这样啊。不过比起费了半天劲包的饺子来，苹果，而且只有三个，是不是有点儿……

三好：但如果回送特别贵重的礼物，反而会给对方增加心里负担。不过回送差不多的东西掌握平衡又觉得太刻意了，这么做不正好吗?

刘　：……负担，哦……

三好：如果特意买了很贵的东西送你，你会觉得过意不去吧。再说了如果送你五个苹

果，你不是也吃不了吗。
刘　：哦，送我三个苹果原来是这个意思啊。
朴　：这就是吉田老师说过的"跨文化摩擦"的一个例子吧。
三好：但要是我就什么都不还，我就等着以后有了出息再给大家还人情呢。
查理：噢，三好你以后会很有出息吗？那我从现在就开始投资吧。（笑）

2 中国游记 语言

俵万智

　　在外国旅行的时候，常会不由得思考一下"语言"。当地人使用和自己完全不同的语言，用其思考，并创造了当地的文化。我们置身其中，或许自然而然会对语言进行思考。

　　我上大学时曾经学过一点汉语，这次旅行中便积极尝试着使用汉语。在上一篇文章中提到的在早市买东西、乘坐市内公交车、住酒店等场合，汉语还真是管了用，我也心情大好。关键是要胆大并招人喜欢，不过也闹了许多笑话。汉语中有"四声"，即便发音相同，声调（原文为"音的升降"）不同意思也不同，这一点挺难的。

　　有这样一件事：我在餐厅想要杯茶，我应该说"我要茶"，说出来的却是"叉（子）"！后来我查了才知道"茶"和"叉"发音都是"cha"，"茶"应该读升调，但我却把"茶"读成了平调，结果上来的是叉子。

　　我操着只言片语的汉语，再次感悟到"语言是工具"这个最基本的道理，也可以说它是一种"手段"。买苹果、告诉别人去哪儿、表示"水管坏了"等等，语言是达到这些目的最有效的手段。我说出来的"我要苹果"这些语音承载着某些规则传达到对方脑中，对方明白了"哦，她想要苹果"。这些话用日语说出来也不觉得有什么，用汉语一说，就会真切感受到语言的确是一种神奇的工具（而且，与语言的神奇之处相对照的是苹果作为一种物体实实在在的触感）。

　　我在全力以赴创作短歌的过程中，容易产生一种错觉，认为语言本身就是目的，但这次本能的汉语经历让我认识到绝非如此，语言是为了交流而存在的。

　　钱币亦如此，我看到外国的纸币时深切地感到"所谓金钱不过就是纸啊"，钱币基于社会的一定规则成为达到目的的有效手段，但作为一种实物，说到底就是普通的纸而已，这和"语言是符号"十分类似。还有一点金钱也和语言一样，往往被忘记了"手段"这一原本的功能，而被当成了一种"目的"。

　　语言归根结底是工具，而且是一种不容忽视的、具有强大威力的工具，这也是我在中国切实感受到的。

在从杭州到上海的列车上，我对面坐着一对男女，看上去男人像是女人的父亲。他们在起劲地交谈着，因为说得很快，说的什么我听不懂，这反而引起了我的兴趣。男的说了什么，女的表情变了，女的回答着什么，男的笑了。二人很平常地聊着，虽然我根本听不懂他们在说什么，但他们的交谈和表情的变化实在太有趣了。其间，男的板起了脸，二人好像争吵了起来。就在某个瞬间，女的一下子绷起了脸，沉默了片刻，接着流下了泪水。我看到她的眼泪，感到一种难以言表的感慨和恐惧。对于不懂汉语的人来说，语言不过就是音符，而它却能让一个人哭泣，没有拳打脚踢，语言就能让人哭泣，那种分量我难以忘怀。

抬眼望去，又看见因话语而瞬间伤心落泪的异国少女。

（《四叶草散文集》，河出书房新社，1988年）

第8課　大学祭

一、教学目标

1. 能运用得体的表达向上级或者长辈发出请求、表示感谢。
2. 能运用得体的表达在电话中说明事情原委、结束谈话。
3. 能对自己所经历的事件和当时的心情做出描述。
4. 掌握中日两国大学校园文化节的不同。

二、语言知识点、学习重点及拓展教学提示

1. 语言知识点及学习重点

ユニット1

语言知识点	学习重点
①Nの／Aところ（を）〈对方所处的状态〉 ②N向け〈对象〉 ③さえ〜ば〈充分条件〉	①运用「Nの／Aところ（を）」表达感谢、道歉与请求。 ②理解「N向け」的含义，并与「N向き」做出区分。 ③掌握「さえ〜ば」的接续形式并合理运用。

ユニット2

语言知识点	学习重点
①〜っぽい〈性质、倾向〉 ②Vてからでないと〈必要条件〉 ③Vかける〈动作的阶段〉 ④Vたとたん（に）〈契机出现〉 ⑤〜ことに〈主观评价〉 ⑥V（よ）うものなら〈条件〉 ⑦〜に決まっている〈确信、断定〉 ⑧〜だけあって〈成正比的因果关系〉 ⑨Vつつ〈同时进行〉〈转折〉	①理解「Vてからでないと」的含义并合理运用。 ②掌握「Vかける」「Vたとたん（に）」的接续形式，理解其含义并合理运用。 ③理解「V（よ）うものなら」的含义，与「なら」做出区分。 ④理解「〜に決まっている」的含义，区分与所学的断定表达的不同。 ⑤理解「〜だけあって」的含义，区分与所学的因果关系表达的不同。 ⑥理解「Vつつ」的含义，区分与「〜ながら」的不同。

2. 拓展教学提示

(1) 了解自己学校的校园文化节，描述参加体验和心情。

(2) 搜集资料，比较中日两国大学校园文化节的异同。

三、教学重点

（一）词汇教学重点

1. 子供向け

「子供向け」是由名词「子供」和动词「向ける」的连用形构成的复合名词，意为"面向儿童"。关于动词「向ける」，教师可以引导并帮助学生总结梳理相关近义词。在第一册中已经学习过动词「向く」，另外还有动词「向かう」，很多学生分不清它们的区别，现简单总结如下。

单词	意义特征	例句
向ける	面向……；专门为……（设计）	子供向けの作品にするつもりです。 未来に目を向けて頑張ろう。
向く	朝向……；适合……	この部屋は南に向いている。 この部屋は南向きだ。 私はこの仕事に向いていないようだ。 上を向いて歩こう。
向かう	面对；朝着……（前进，努力等）	毎日机に向かって小説を書く。 親に向かって生意気なことを言う。 会場へ向かう。

1. にっこり

「にっこり」表示微笑的样子，可译为"微笑着（做……）"。

(1)「もちろん、付き合ってくれるわね」とにっこり笑った。

(2) わかったというふうに、彼女はにっこりうなずいた。

(3) 彼女は彼の顔を見てにっこりした。

2. ずらり

「ずらり」表示排成一大排的样子。

(1) 11時頃、大学に着くと、模擬店がずらりと並び、キャンパスは既に大勢の若者でにぎわっていた。

(2) パーティーには、有名な政治家がずらりと出席した。

(3) 先生の研究室の本棚には難しそうな本がずらりと並んでいた。

（二）语法教学重点

1. N向け〈対象〉（→ 条目2）

词汇教学重点里提及了「向ける」和「向く」「向かう」的词义区别。作为句型，「N向け」和「N向き」意思近似，用法容易混淆。教学过程中可参考下面一组例句，进行辨析讲解。

(1) この映画は子供向けの映画だ。

(2) この映画は子供向きの映画だ。

(1) 中的「子供向け」突出了主体有意识的动作，即电影制作人以孩子为观影对象，有意识地创作出一部面向孩子的电影；（2）中的「子供向き」不强调动作，强调的是结果，即观众观看后，得出的评价是：这部电影适合孩子看。因此，「子供向けの映画」在创作过程中出现问题的话，也有可能不是一部「子供向きの映画」。

再给出一组例句供参考。

(3) この本は海外の日本語教師向けに書かれた文法書です。（面向海外的日语教师）

(4) この参考書は中級の日本語学習者向きです。（适合中级学习者）

2. さえ～ば〈充分条件〉（→ 条目3）

「さえ」是凸显助词，语法意义是提示前接的名词是"最低限度的事物"。「さえ～ば」可以接名词、动词、形容词，表示只要有某事物，只要做了某事，或只要具有某种状态，就能够达成后项事态。

这个句型的意义不难，难点在于各种接续形式比较复杂。教学过程中可以根据情况，先要求学生记住「Nさえあれば」「Vさえすれば」这两个最基本的形式。在充分理解的基础上，再扩展到其他形式上。书上给出的例句基本包含了常见的各种接续形式，不妨将核心部分的词组背诵下来。

1. -っぽい〈性质、倾向〉（→ 条目1）

「っぽい」表示具有前接名词所示的性质或倾向。类似的句型还有「-らしい」。二者的区别在于：

① 接续不同，「っぽい」前可以接名词或动词的第一连用形；而「-らしい」只能接名词（「寒いらしい」「行ったらしい」等是表示推测、传闻的用法，和这个用法不同）。

② 语义和感情色彩不同。以「子供らしい」「子供っぽい」为例，「子供らしい」是指符合孩子的特质，比如某个孩子天真活泼、动作可爱，可以说「子供らしい」，语感是积极性的评价；而「子供っぽい」是指大人思想、言语行为不成熟，像个孩子似的，即"孩子气的"，这个表达不能用于指孩子，语感通常是负面性的评价。

2. Vかける〈动作的阶段〉（→ 条目3）

a.「Vかける」表示动作刚刚开始，这与「Vはじめる」和「Vだす」是近义句型。教学过程中建议通过例句进行辨析。

b. 这三个句型虽然都表示动作的开始，但语义侧重点各有不同：「Vかける」侧重说明动作开始做了却尚未完成，「Vだす」是表达某动作或某事态突然发生，可以和「突然」「急に」等副词呼应使用。相比之下，「Vはじめる」语义比较单纯，指某动作开始进行。

以下给出一些例句帮助学生理解：
(1) 夕食を食べかけたところに、友達から電話がかかってきた。（强调：事态开始进行但尚未完成，即饭吃到一半还没吃完）
(2) 突然目覚まし時計が鳴りだした。（强调：突发的事态）
(3) 薬を飲んだら熱が下がり始めた。（强调：变化开始出现）

3. V（よ）うものなら〈条件〉（→ 条目6）

a. 讲授本句型时，建议强调句子使用的语境限制，即「V（よ）うものなら」后续的通常是一个不好的事态、严重的结果。该句型表达说话人担心、不安的情感，因此句末多会采用「～かねない」「～恐れがある」「～に決まっている」「～よ」等形式进行呼应。例如：
(1) この会社は厳しくて、一分でも遅刻しようものなら、賃金カットになりか

ねない。

(2)そんなことをしようものなら、大学をやめさせられる恐れがあるよ。

b. 注意区分「V（よ）うものなら」和另一个句型「Vれるものなら～たい」，后者表示说话人的意愿和希望，即"如果能……我愿意……"。可以参考对比以下一组例句：

(3)先に帰ろうものなら、上司に怒られていしまう。
(4)帰れるものなら、今すぐ帰りたい。

四、教材练习答案

A　内容確認

(1)大学祭の講演を依頼しました。
(2)電話では初めてですが、メールではこれ以前に連絡をしています。
(3)います。黒沢監督の級友の原田教授も依頼しました。
(4)講演日の午前中に会議があるので、はっきり引き受けるとは答えませんでした。
(5)明日のこの時間までには、会議の予定を移せたかどうかがわかるからです。
(6)作品のテーマを絞っていく方法などについて聞けたので勉強になったと言っていました。
(7)子供向けに世界平和をメッセージとした作品を作る予定だそうです。
(8)黒沢監督の作品を見たことでした。
(9)その人にやる気さえあれば、外国人でも参加できます。

B　文法練習

1.
 (1) Nの／A ところ（を）
  ①詳しく教えていただき、本当にありがとうございました
  ②お邪魔してすみませんでした
  ③いろいろ案内していただき、ありがとうございました
 (2) さえ～ば
  ①いくらでもチャンスがある
  ②誰でもパソコンが使えるようになる
  ③誰でも入学できるわけではない

C 会話練習
☞ **ポイント１**
ここをおさえよう！
(1) 王さんは依頼の内容を話す前に、まず井上先生のご都合を聞きました。相手の状況に対する配慮・恐縮を表しています。
「すみません、今、ちょっとお時間よろしいでしょうか」
(2) 「あのう／ええと」などの言いよどみや「〜があって……」などの言いさしによっても恐縮していることを表現しています。
(3) この場合「少しお教えになりませんか。」は適切な表現ではありません。日本語では聞き手の行為によって話し手が受益者となることを授受動詞で示す必要があります。「少しお教えになりませんか。」敬語でありながら話し手には受益が発生しないという意味になります。
(4) 先生が依頼に応じてくださった時、王さんは「お忙しいところすみませんが」と時間を奪ったことに対するお詫びの言葉を添えました。
(5) 丁寧に、しかし決してあきらめないことが大事です。
「そうでしたか。失礼いたしました。では、お時間がある時にお願いしても良いでしょうか」
→「来週の水曜日の３時はいかがですか」などの答えをもらったら、「承知しました。ありがとうございます。では来週水曜日の３時によろしくお願いいたします」と言います。

正しいのはどっち？
①座ってください ②書いていただけないでしょうか ③書いていただける

☞ **ポイント２**
ここをおさえよう！
(1) ①「教えてくださって」の代わりに、「お教えになって」と言うのは適切な表現ではありません。「お教えになって」となると「教える行為」は話し手とは無関係で、感謝の気持ちはまったくないという表現になってしまいます。日本語では聞き手の行為によって話し手が受益者となることを授受動詞で示す必要があります。これがないと、相手の行為が話し手に届いたことになりません。
(2) 先生への感謝を述べる場面で、「先生は依頼の表現をとても上手に教えてくだ

さいました。」や「先生の教え方はとても上手です。」などと言うのは不適切です。「上手」というのは先生に対する評価になります。日本語では目上への評価を避ける必要があります。

この場合直接感謝を伝えるのが一般的です。

正しいのはどっち？
①教えてくださって
②教えていただいて
③いろいろお世話になって、ほんとにどうもありがとうございました

☞ **ポイント3**
ここをおさえよう！
(1)「アニメ研究会の青木ですが、原田先生はいらっしゃいますでしょうか。」
(2)「失礼しました。またあとでお電話してもよろしいでしょうか。」
(3)原田先生は青木さんの話の切れ目で「はい」「ええ、ええ」とあいづちを打っています。もし、原田先生があいづちを打たなかったら、青木さんは先生が話を聞いてくれているか不安になると思います。電話では顔の見えない相手に対し、自分は注意して相手の言葉を聞いている、ということを伝えるために、日本語では通常の会話よりもあいづちが多くなる傾向があります。
(4)「では、お忙しいところすみませんが、また明日、どうぞよろしくお願いいたします。失礼いたします。」と終わりの挨拶を言って電話を切りました。

A　内容確認

1.

	黒沢監督の作品に対する筆者の心情が表れている箇所
● 講演会のことを初めて聞いた時	どうせつまらないだろう
● 講演会を聴いている時	話に引き込まれ 監督の熱い思いをひしひしと感じた 子供向けの娯楽ではなかった
● 講演会が終わった時	なかなかよかった　じいんときたよ

2.
(1) 講演を聴く前はつまらないだろうと思っていましたが、聴いた後は、監督の熱い思いをひしひしと感じて、なかなかよかったと思うようになりました。
(2) 筆者は行きたくなかったが、筆者の妻は昔から黒沢作品が好きだったから、大喜びしてはしゃいでいました。
(3) 大学到着前は、筆者が講演開始時間のギリギリに行けば充分だと考えていたのに対して、筆者の妻は昼前に大学に着くように朝から準備していました。大学到着後は筆者もすっかり学生気分に戻っていました。
(4) 息子が立派に成長した姿を見て喜んでいたのと同時に、時の流れの早さを実感していたんだろうと思います。
(5) 息子への感謝と誇らしさで、青空のようにすっきりした気持ちと、秋の夕暮れのように息子の成長と時の流れの早さに、どこか寂しさと切なさを感じていただろうと思います。

3.
(1) 青木さんが講演会の準備を始めたのは、今年の5月ごろからです。
(2) 講演会の実施前は成功するかどうかという責任感と不安で敏感になっていましたが、実施後は充実感と感謝でいっぱいだっただろうと思います。

B 文法練習
1.
(1) 〜に決まっている
①彼氏がいるに決まっている
②この仕事を完成するなんて、無理に決まっている
③友達を心配させるに決まっている
(2) -っぽい
①外国人っぽい顔をしています
②そのお茶は水っぽくて、
③おばさん
(3) Ｖかける
①さっそく読みかけの本の続きを読んだ
②黒くなりかけているほうがおいしい
③忘れ

(4) Vたとたん（に）
　①部長が来たとたんに
　②そのニュースを聞いたとたんに
　③うちの猫が飛び出していった
(5) 〜ことに
　①信じられないことに、あの2人は離婚したそうだ
　②うれしいことに、バイト先が決まった
　③李さんは退職して、自分で会社を立ち上げたそうだ
(6) V（よ）うものなら
　①そんなことを言おうものなら
　②の約束に1分でも遅れようものなら
　③明日にはクラス全員に秘密がばれてしまう
(7) Vつつ
　①友達と酒を飲みつつ語り合った
　②返事を書かなければと思いつつ
　③2時間もドラマを見続けてしまいました

2.
(1) Vてからでないと
　①b　　　　②b　　　　③留学は決められない
(2) 〜だけあって
　①a　　　　②a　　　　③筋肉がすごい

3.
(1) ひしひしと　　(2) にっこりと　　(3) さっさと
(4) ずらりと　　　(5) ピリピリ

五、学習手册答案

会話文のまとめ

　東西大学アニメ研究会部長の青木さんが、大学のOBで若手アニメ監督として有名な黒沢監督に大学祭での講演を依頼する電話をかけました。
　この大学祭の講演会が11月10日の午後で「自然と人間の共生」というテーマであることを、青木さんは事前に監督にメールで伝えてありました。

監督からは、この日の午前中の会議が調整できるかどうかを確認しておくので、明日の同じ時間にもう1度電話をかけてほしいと依頼されました。
　さて、大学祭では講演会が開催され、その後で黒沢監督とアニメ研究会との親睦会が開かれました。
　王さんと、監督の大ファンである李さんは特別にこの親睦会に参加させてもらえました。
　親睦会では監督の次回作の構想が話題になり、世界平和をメッセージとして伝える子供向けの作品にしたいと監督からお話がありました。それを聞いた李さんから、外国人でも監督のプロジェクトに参加できるかという監督への質問がありました。やる気さえあれば国籍にはこだわらないという監督からの返事を聞いて、李さんは大喜びでした。

実力を試そう
略

Ⅰ.文字・語彙・文法

1. (1) どきょう　(2) ほうそく　(3) きょうしゅく　(4) さいそく　(5) くちょう
   (6) たい　(7) まこと　(8) なぐ　(9) つげ　(10) もち

2. (1) 老舗　(2) 依頼　(3) 無事　(4) 心情　(5) 脅威
   (6) 秘訣　(7) 錯覚　(8) 支度　(9) 締切　(10) 光栄

3. (1) c　(2) a　(3) c　(4) d　(5) b　(6) d　(7) d　(8) b
   (9) a　(10) d　(11) a　(12) a　(13) d　(14) d　(15) b

4. (1) d　(2) c　(3) b　(4) a

5. (1) こだわる　(2) 呼びかける　(3) 不安になる　(4) うなずき　(5) はしゃいで
   (6) 付き合って　(7) あきらめる　(8) 席を立つ　(9) 後にする

6. (1) に／で　(2) からの　(3) に／へ　(4) を　(5) を
   (6) で　(7) での／への　(8) が　(9) への　(10) に／と

7. (1) d (2) b (3) d (4) a (5) b (6) c (7) b (8) d (9) a (10) c

8. (1) a (2) c (3) b (4) c (5) c (6) a (7) b (8) b (9) c (10) d

Ⅱ. 听力
1. (1) d (2) c (3) b (4) d

2. (1) ○ (2) × (3) × (4) ○

Ⅲ. 阅读
例：
○中国伝統芸能セミナーは日中友好会館で行われる。
○中国伝統芸能セミナーは中国伝統劇黄梅劇に関する講演と変面のパフォーマンスからなっている。
○中国伝統芸能セミナーは日中友好会館と中国伝統演劇文化研究会の共同主催で行われる。
○セミナーは無料だが、定員があるため、予約が必要だ。

六、学习手册听力录音稿
実力を試そう
　「最近気づいたこと」をテーマに、1分間スピーチをしてください。まず、5分間準備して、それからスピーチを始めてください。スピーチを録音して、あとでチェックしてください。

テスト
1.
　(1) 質問：大林さんは先生に何をお願いしましたか。
　　A：先生、ご無沙汰しております。
　　B：大林君か。久しぶりだねえ。元気だった？
　　A：はい、おかげさまで元気です。先生もお変わりないようですね。
　　B：私はいつも元気だよ。酒もタバコもやらないからね。
　　A：そうでしたね。ところで先生、本日は折り入ってお願いしたいことがあって参りました。

B：どんなことかな。
A：実は、来月私どもの企業で公開セミナーがあるのですが、よろしければ初心者向けにＩＴ産業の現状をご紹介いただけませんでしょうか。
B：初心者向け……というと、参加者はどんな職業の人？
A：50歳以上の個人事業者です。例えば、青果店、理髪店などの経営者で、コンピュータについても勉強し始めたばかりという方たちです。
B：なるほど。そういうのは私の十八番だからね。いいですよ。
A：ありがとうございます。突然ご面倒なお願いをして申し訳ございませんが、どうぞよろしくお願いいたします。
質問：大林さんは先生に何をお願いしましたか。
 a．個人事業に関するセミナー
 b．コンピューターに関する講義
 c．経営の仕方に関する講演
 d．IT産業についての講演

(2)質問：二人は今度いつ会いますか。
A：先生、お疲れ様でした。どうぞこちらへ。
B：ああ、ありがとう。すごい数の参加者だったね。あんなに大勢来るなんて思わなかったよ。
A：はい、100人以上の方がいらっしゃいましたから。
B：私も久々に大学以外で話をして、少し緊張してしまったよ。できるだけわかりやすく説明したつもりだけれど、どうだったかなあ。皆さんに理解してもらえたらうれしいんだがね。
A：きっと理解してもらえたと思いますよ。私も大変勉強になりました。後日、参加者の質問や感想をまとめた報告書をお送りいたします。もしよろしければ、郵送ではなく私が直接研究室の方へお持ちいたしますが、いかがでしょうか。
B：それでいいよ。
A：承知いたしました。本日は先生の貴重なお話、ありがとうございました。スタッフ一同、心より感謝申し上げます。では後日、ご挨拶に伺わせていただきます。
B：こちらこそ、どうもありがとう。また何かあったらいつでも遠慮なく声かけて。
質問：二人は今度いつ会いますか。

a．先生が大学で講演する時
　　b．先生が大学以外で講演する時
　　c．大林君が報告書を先生の研究室に持っていく時
　　d．先生に報告書を郵送するとき
(3) 質問：先生の説明に合っているのはどれですか。
　　A：先生、失礼します。この前の問題を解いたのですが、見ていただけないでしょうか。
　　B：10分くらいならいいですよ。
　　A：ありがとうございます。これなんですが……。
　　B：ここのところは「～でいらっしゃいますか」とか、簡単に「～ですか」とかの方がいいですね。「～でございますか」は接客みたいで良くないですね。あと、商談相手と話す時に、自分の上司に「方」は使いません。
　　A：わかりました。他にもここがよく分からないのですが……。
　　B：ああ、ここは間違えやすいところ。「ご～する」は自分の行動ですから、この場合は「ご～ください」か「ご～なさってください」が正しい表現です。ここは原則では「やりましょう」ですが、「あげましょう」も最近はよく使われていますから、問題ありませんね。
　　質問：先生の説明に合っているのはどれですか。
　　a．「お住まいは東京でいらっしゃいますか」は正しくて、「お住まいは東京でございますか」は正しくありません。
　　b．「うちの上司の方は非常に厳しい人です」は間違いです。
　　c．「当日は上履きをご用意してください」は正しいです。
　　d．「花に水をあげましょう」は問題があります。
(4) 質問：先生の説明に合っているのはどれですか。
　　A：この文では「よろしいですか」より「よろしいでしょうか」の方がもっと丁寧ですね。次のは……聞けば意味は分かるのですが、「いたす」は謙譲語だから、「されますか」とか「なさいますか」の方がいいでしょう。
　　B：謙譲語は難しいですね。尊敬語より使いにくいです。
　　A：まあ、これも慣れですよ。さて、最後のは、「いただいてください」は使えません。「受け取ってください」もちょっと……。ぶっきらぼうですからね。

B：分かりました。お忙しいところ、ありがとうございました。
A：いえいえ、どういたしまして。アンディさんは授業以外でも勉強熱心ですね。いろいろ自分でノートにまとめると分かりやすいですよ。それに、学生時代のノートは自分の一生の財産になりますよ。
B：はい、そうします。
質問：先生の説明に合っているのはどれですか。
a．「今お時間よろしいでしょうか」は「よろしいですか」に変えるべきです。
b．「コーヒーと紅茶、どちらにいたしますか」は正しいです。
c．「二階で資料をいただいてください」は正しいです。
d．「二階で資料を受け取ってください」は少し乱暴です。

2.
A：伊藤先生！こんにちは。
B：こんにちは、アンディさん。
A：先生、今日は日本語の尊敬語について少しお聞きしたいのですが、今お時間よろしいでしょうか。
B：いいですよ。今日はどんな質問ですか。
A：この前新聞で見たのですが、「ご連絡が遅くなり申し訳ございません」というのは、自分に敬意を表しているようでおかしいのではないか、という投書がありました。これは「ご」を取って、「連絡が遅くなり申し訳ございません」と直したほうがいいのではないでしょうか。
B：これは日本人でも悩んでしまう問題ですね。本来は「ご連絡を差し上げるのが遅くなり……」というのが一番いいでしょうね。でも「ご〜〜」と「お〜〜」は、場合によっては自分と相手の行動どちらにも使えるのですよ。例えば、「社長がご説明になりました」「社長がお話しになりました」、これは尊敬語ですね。ですが「私がご説明します」「私がお話しします」という時は謙譲語です。
A：そうだったんですか。
B：もうひとつ大切なのは、自分の行為の対象が聞き手の場合や、自分の行為が聞き手に影響を与える時は、自分についても「ご」や「お」を使うということです。
A：文法以外にも分析しなければならないことがあるのですね。

B：そうですね。でも、はっきりしない場合は難しく考えないで、「連絡が遅くなりまして、申し訳ございません」といえば十分に敬意が伝わりますよ。

A：わかりました。お忙しいところ、ありがとうございました。

七、课文翻译

ユニット1 见到您很荣幸

（东西大学动漫研究会的部长青木打电话给著名的青年动漫导演黑泽，请他来做讲座。黑泽是东西大学的校友，也是动漫研究会顾问原田教授的同年级同学。）

秘书：你好，黑泽事务所。

部长：你好，我是东西大学的，叫青木。

秘书：噢。

部长：我打电话是想找导演谈一下大学文化节讲座的事。

秘书：好的，请稍候。

导演：你好！我是黑泽。

部长：我是东西大学动漫研究会的青木，您现在有时间吗？

导演：好的，请讲。

部长：是关于讲座的事，前几天我给您发邮件联系过。

导演：哦，是大学文化节的事啊。

部长：是的。

导演：原田也跟我说过。

部长：我在邮件里也写了，今年的主题是《人与自然的共生》，非常希望能请您来谈一谈。

导演：嗯……是11月10号吧。

部长：是的，是下午。

导演：我上午可能要有个会……

部长：啊？

导演：不过，既然是原田介绍的，那个会的时间要是能调整一下的话我就答应下来。

部长：要是那样真的太好了，请您一定赏光。

导演：那这样吧，明天这个时间，请你再来个电话吧。

部长：好的，那我再给您打电话，麻烦您了。

导演：好的。

部长：您这么忙，非常感谢。再见。

（大学文化节当天，讲座结束后，黑泽导演和动漫研究会的成员一起开了个联欢会。王宇翔请求动漫研究会的朋友特别批准刚来日本的李东也参加。）

部长：黑泽导演，今天能聆听您的讲座真是十分难得，非常感谢！
成员：您讲的如何确定作品主题的方法，这太重要了，我们真是受益匪浅。
导演：是吗，听你们这么说，我也很高兴。
部长：刚才您谈到了您的下一部作品，如果您不介意的话，能否给我们简单地介绍一下。
导演：嗯……具体内容以后才能定，不过我想创作一部以世界和平为主题、面向孩子们的作品。
部长：（对成员说）我们很期待啊。
成员：是啊。
李　：我是从中国京华大学来的学生，我姓李。今天能见到您十分荣幸。我开始学日语就是因为看了您拍的电影。
导演：是吗，哎呀，那可不敢当。
李　：我想问一下，外国人也能参加您的摄制组吗？
王　：（小声地）李东，这个问题有点……
导演：只要真想干，我们是不限制国籍的。我们的摄制组一直都有很多外国人参加。
李　：真的呀！

2　杂记：参加校园文化节

　　大约一周前，儿子来问我"学校文化节要请黑泽导演做演讲，去听吗？"我知道黑泽导演陆续创作了很多成功的作品，不过动漫之类比较幼稚的影片的话题，我就算听了也会觉得没意思。我刚说"我得看一下日程表"，儿子就立刻塞给了我两张票，并说："可以的话，和我妈一起去吧。"

　　妻子一听有黑泽导演的演讲特别高兴。令我吃惊的是，妻子很兴奋，她说很早以前就喜欢黑泽的作品，而且时隔这么久能回母校还真有些紧张。如果这时我说"那我不去了吧"，妻子肯定会发脾气的，我也就死了心，约好了一起去。

　　当天，演讲明明是3点开始，妻子不知为何从早上就兴冲冲地做准备。我心里有点不踏实，问了一下安排，她微笑着说："机会难得，咱们上午就过去，逛逛那些摊铺和展览再听演讲吧。你肯定会陪我的是吧？"真没办法！

　　11点左右，一到学校，就看到一大排店铺，校园里挤满了年轻人，热闹非凡。我们在入口处领到了游览指南，上面写着数不胜数的活动，有现场演唱会、游戏大赛、

演讲比赛、舞蹈表演、公开研讨课等。我和妻子逛了学生的摊铺，听了现场相声和演讲比赛，感觉完全回到了学生时代。

演讲终于开始了，正因是黑泽导演的演讲，场内座无虚席。我们找了一个座位并排坐了下来。不一会儿场内暗了下来，导演登场了。导演意气风发、气宇轩昂，他声音低沉而稳健地讲了起来。妻子紧握着手绢，认真地倾听着。我不知不觉听得入了迷，导演热情洋溢地说"人类只能与自然共存，不要忘记自然的威胁"，令我深深感动。我终于认识到，他的作品并不仅是面向孩子的娱乐。

演讲结束了，我对妻子说"真不错，我挺感动的"，妻子笑着说"下次一起去看黑泽导演的电影吧"。我边点头边站了起来，这时，一位戴着大学文化节工作人员袖章的年轻人映入眼帘，正是儿子。他一边建议大家配合做问卷调查，一边迅速把参与者带到出口。我们下意识地刚想叫他，又觉得好像会打搅他，就默默地走出了教室。

走到教室外，望见秋日晴空微微映衬着晚霞。

东西大学 文化节工作人员的博客

11月11日
圆满成功！

我是负责举办演讲会的青木。负责具体工作的各位，大家辛苦了！
在前一天排练的时候，话筒不响了，椅子不够了，出现了很多问题，大家都很紧张。说实话，能不能办好，心里真是没底。
不过最终演讲圆满成功！
感谢黑泽导演！

回想起来，从开始筹备已有半年之久。作为一名工作人员，真的每天都过得很充实。
非常感谢！

第9課　外来語

一、教学目标
1. 能条理清晰地陈述自己的意见，并对他人的观点表达自己的态度。
2. 能理解作者阐述的观点及其陈述的理由。
3. 能结合自身体会，陈述对日语和汉语中外来语使用情况的意见。

二、语言知识点、学习重点及拓展教学提示

1. 语言知识点及学习重点

ユニット1

语言知识点	学习重点
① Nに関する／に関して〈内容〉 ② Nに応じて〈根据〉 ③ から〈根据、起因〉 ④ ～にすぎない〈程度低〉	① 理解「Nに関する／に関して」的含义，区分其与「Nについて」的不同。 ② 理解「Nに応じて」的含义，区分其与「Nによって」的不同。

ユニット2

语言知识点	学习重点
① ～とともに〈変化〉 ② すら〈凸显极端事例〉 ③ ～にちがいない〈有把握的判断〉 ④ ～まま〈保持原状〉 ⑤ ～恐れがある〈可能性〉 ⑥ Vかねない〈可能性〉 ⑦ Vる一方だ〈不断增强的势头〉 ⑧ ～以上（は）〈推理的根据〉 ⑨ ～に伴って／に伴う〈伴随変化〉	① 理解「～とともに」「～まま」「Vかねない」的含义并合理运用。 ② 理解「すら」的含义并合理运用，区分其与「さえ」的不同。 ③ 理解「～に伴って／に伴う」的含义并合理运用，区分其与「～とともに」的不同。

2.拓展教学提示

(1)依据自身学习体会,陈述对日语外来语的看法。

(2)调查、分析汉语中外来语的使用情况,陈述自己的观点与意见。

三、教学重点

(一)词汇教学重点

1. べし

可结合第5课第二单元"词汇教学重点"栏目对本单元出现的古语用法「べし」进行巩固讲解,帮助学生理解古语Ⅰ类形容词的连体形式用法。

1.日语外来词的表记与词义

本单元内容主要围绕两点展开,一是日语外来词在书写方便的灵活性(「メーク」与「メイク」),二是外来词虽然在意义上有很多汉语词及和语词的近义词,但依然拥有强大的生命力,在生活、学习的诸多场景中都能够看到越来越多的外来词。

教师可引导学生通过查找资料、浏览网站、观察商品等方法,收集日语中的外来词,看看这些外来词在书写上的特点,以及与它们的同义词近义词究竟有何不同之处。例如:

米(通常指作物、未经制作的生米)

ライス(通常指西餐中蒸熟的米饭)

ご飯(通常指传统日餐中蒸熟的米饭)

(二)语法教学重点

1. Nに関する/に関して〈内容〉(→ 📖 条目1)

「Nに関して」与「Nについて」表达的意义相近,是学生容易出现误用的地方,在教学中需要注意。

a.「Nに関して」提示的主题、话题一般较为笼统、宽泛,包含与之相关的各种内容。主题与谓语的关系松散。除动词外,也可接形容词或名词;「Nについて」提

示的主题、话题较为具体，后接动词也多为语言、思考等具体的动作、行为，即以该主题的内容为对象展开某一动作、行为。主题与谓语的关系紧密。

　　(1)今日は中国の自動車産業について発表したいと思います。（聚焦具体内容）
　　(2)AI絵画に関して最近ネットで話題になっている。（提及笼统话题）
　b.表达评价时，用「Nに関して」，不用「Nについて」。
　　(3)田中教授はこの分野｛〇に関して　×について｝第一人者である。
　　(4)あの店は魚料理｛〇に関して　×について｝は一流だ。
　c.书籍、论文、讲演等的标题，用「Nについて」，不用「Nに関して」。
　　(5)発表のテーマは「日本のアニメ文化｛??に関して　〇について｝」です。
　　(6)子ども教育｛??に関して　〇について｝の講演が行われる。
　d.修饰名词时，有「N₁＋に関する＋N₂」「N₁に関してのN₂」两种形式。前者偏书面语。
　e.可后接「は／も」表达强调或对比。
　　(7)この問題に関しては、すでに多くの報告がある。
　　(8)今後の予定に関しても変更・中止になる場合があります。

2. Nに応じて〈根据〉（→📖条目2）

　a.导入该句型时，可先讲解动词「応じる」表达的"接受；应对；响应"等意义和用法。如：
　　(1)海外からの注文に応じて生産している。
　　(2)帰国した選手たちがテレビの取材に応じた。
　　(3)国際交流課では、留学に関心を持つ学生の相談に応じている。
　b.句型「Nに応じて」表达顺应前接名词表达的不同变化，采取相应对策（有时为相应的结果）之义，所以需要前接内含变化多样性的名词，如「季節／金額／種類／好み／人数／要求／希望／」等。
　　(4)予算に応じて旅行の計画を立てる。
　　(5)実績に応じて手当が支払われる。
　如果前接名词不表达变化多样性，则不能使用「に応じて」。如(6)(7)。
　　(6)この作品は男女｛×に応じて　〇によって｝意見が分かれている。
　　(7)最終合格者は面接試験の結果｛×に応じて　〇によって｝決定される。
　即使前接名词能够表达变化多样性，谓语动词如果不表达人的动作或动作带来的结果，一般也不能用「に応じて」。
　　(8)国｛×に応じて　〇によって｝文化が違う。

(9)天気{×に応じて ○によって}体調が変化する。

c.后接名词时，使用「N₁に応じたN₂」的形式。

(10)季節に応じた食事メニューを提供する。

(11)お客さんの好みに応じた部屋を用意しています。

3.～にすぎない〈程度低〉　（→ 条目4）

「～にすぎない」和「～だけだ」都表达"仅仅；只不过"的含义，「～にすぎない」带有说话人"不值一提；不过如此"的轻视语气，「～だけだ」则无这样的语气。

(1)ゲームに参加できるのは子供{×にすぎない　○だけだ}。

(2)あとは結果を待つ{×にすぎない　○だけだ}。

1.～とともに〈変化〉　（→ 条目1）

a.与「～につれて」不同，「～とともに」表达"二者同时变化"的含义，所以前接的动词或动作性名词需表达变化义。

(1)説明を聞く{×とともに　○につれて}、だんだん悲しくなってきました。

b.「～とともに」前接动词时为动词的词典形，需要提醒学生注意。

(2)体が強く{○なる　×なっている}とともに成績もよくなってきた。

2.～にちがいない〈有把握的判断〉（→ 条目3）

「～に違いない」与第8课第二单元学过的「～に決まっている」表达的语义相近，但是二者存在不同。

「～に違いない」表达的是说话人基于确定的根据、证据做出的有把握的判断，可用于口语或书面语。「～に決まっている」表达的是说话人出于直觉、自信做出的"绝对（是）……"的判断，仅用于口语。

(1)あれは嘘に決まっている。（凭主观断定）

(2)あれは嘘に違いない。（凭证据判断）

3.Ｖる一方だ〈不断增强的势头〉（→ 条目7）

a.「一方だ」前接的动词为表变化的动词或动作性名词，如：

増える　減る　上がる　下がる　進む　たまる　～く／になる　～てくる／いく

増加　減少　上昇　下落　衰退

b.注意本课学习的「Ｖる一方だ」与第3课第二单元学过的「Ｖる一方（で）／その一方（で）」是完全不同的用法，需要区分。后者连接的前后句表达的是对照、对比的含义。
　　（1）収入は増えないのに物価が上がる一方で、生活が苦しくなっている。（表达发展义）
　　（2）あの人はタレントとして活躍する一方で、作家としても本をたくさん書いている。（表达对比义）

四、教材练习答案

A　内容確認

1.

	外来語の制限に賛成/反対	理由
村上さん	賛成	（1）（同じ）意味を指しているのに、（新しい外来語）と（昔からの単語）の二つが使われると（いらいら）するから。 （2）（イメージの一新を図る）という目的で（何にでも）外来語を使うのは（いかがなものか）と思う。
小林さん	賛成	（1）（お年寄り）にとって、外来語は難しいから。
長谷川さん	反対	（1）必要に応じて、昔は（和語）と（漢語）、今はこれに（外来語）が加わって、これらを使い分けるのが日本語のユニークなところだから。 （2）外来語は日本語全体の（ごく一部）しかないから。
永井さん	反対	（1）言葉は（変化する）ものであり、制限するかどうかを（特定の人）が決めるべきではないから。

2.
　（1）村上さんは外来語の多さと分かりにくさにはいつも苛立ちを感じると言っています。
　（2）イメージの一新を図るためだと言っています。
　（3）介護に関する言葉に外来語が多いのは新しい概念が多いからで、矛盾を感じているのはお年寄りのための介護なのに、お年寄りがわからない介護の言葉でお年寄りに不安を与えてしまっていることです。

(4)急いで外来語を見直して分かりやすい言葉へ変換すべきだと言っています。

(5)長谷川さんが二人の意見で認めているのは、新しい概念をそのまま外来語として使うからわかりにくくなっているという点です。

(6)永井さんがいちばんいいと考えているのは、特定の人が言葉を制限するのではなく、使う人々の自由に任せることです。

B 文法練習

1.
 (1)～にすぎない
  ①a　　②a　　③次の出会いのためのステップにすぎない

2.
 (1)Nに関する／に関して
  ①地球環境保全　　②本を読みました　　③真剣に考えるようになった
 (2)Nに応じて
  ①様々な商品を販売しております
  ②労働時間数とその時間帯
  ③グローバル化の進展
 (3)から
  ①大都市で働きたい若者がたくさんいるということ
  ②落ち着かない視線や指先
  ③ちょっとした不注意

C 会話練習

☞ **ポイント1**

ここをおさえよう！

(1)①a　　　②c　　　③c　　　④b 結論

(2)解答例
 ◇勉強に支障が出る
 ◇プライベート（習い事・趣味・社会活動など）を大事にしたい
 ◇学校生活（学業・部活など）との両立が難しい
 ◇希望する仕事内容のアルバイトがなかなかない
 ◇親から禁止されている

◇職場の人間関係が難しい
◇アルバイトよりインターンシップをしたほうが就職に有利だ

ここをおさえよう！
(1) ①d　　②c　　③a　　④a　　⑤e　　⑥b
(2) 「アルバイトの経験は将来のために役に立つ」というAさんの②の部分を認めています。

☞ **ポイント2**
ここをおさえよう！
(1) 「つまり～ということですか」と確認しました。
　　鈴木：「つまり、昼休みに～ということですね。」
(2) 「さきほど李さんが言ったように～」
　　趙：「確かに、李さんが言ったように」

☞ **ポイント3**
ここをおさえよう！
(1) 改まった場面でのディスカッションです。通常の教室での話し合いではなく、クラスメート以外の学生や先生方も参加する場面。結論を出すことを目的とする場合もあります。
(2) 「～というご意見の方、いらっしゃいますか」
　　「ただいまAさんがおっしゃったのは～」
　　「Aさんのお考えに賛成の方は、いらっしゃいますか」
(3) 「わたくしは、～」「以上がわたくしの意見です」

♣ **言ってみよう！**
①皆さん→皆様、今日→本日、本当に→誠に
②たった今→ただいま、意見→ご意見・お考え
③さっき→さきほど、言った→おっしゃった
④少しずつ→徐々に
⑤たぶん→おそらく

A 内容確認

1.
   (1) 外来語の使用が増えたのは、グローバル化が進展したり、新技術が開発されたりしてきたからです。
   (2) 外来語は日本人にとってすら簡単ではありません。
   (3) 外来語の表記について、学習者が難しさを感じるのは、表記の揺れです。
   (4) 「マンション」は、原語が英語の「mansion」で、本来は「大邸宅」の意味です。「アルバイト」は言語がドイツ語の「Arbeit」で、本来は「労働や苦労」の意味です。
   (5) 和語と漢語と外来語で一つの概念を表しているのに使い分けが難しい例には、「暮らし」と「生活」と「ライフ」があります。
   (6) 異文化を柔軟かつ寛容に受け入れてきたことが日本語の特徴だからです。
   (7) 日本語が豊かで魅力的な言語としてあり続けるために外来語の増加は必要だと筆者は考えています。

B 文法練習

1.
   (1) すら
       ①悩みを家族にすら打ち明けなかった
       ②忙しい時はトイレに行く時間すら取れない
       ③健康管理
   (2) 〜にちがいない
       ①あの人が犯人だなんて何かの間違い
       ②一人で私を育てるのは大変だった
       ③私の気持ちを分かってくれる
   (3) 〜まま
       ①世間のことがよくわからないまま
       ②雨に濡れた冷たい服のままで寝てしまい
       ③テレビをつけた
   (4) 〜に伴って/に伴う
       ①年齢を重ねるに伴って

②大規模な工事に伴う交通規制のため
③時代の変化

2.
(1) 〜とともに
　①a　　②b　　③若い人たちの働き方に対する意識も変わってきている
(2) 〜恐れがある
　①b　　②b　　③電車が止まる
(3) 〜Vかねない
　①b　　②b　　③不作になりかねない
(4) Vる一方だ
　①a　　②b　　③高齢化が進む一方だ
(5) 〜以上（は）
　①b　　②b　　③故宮博物館を必ず1度は見学したいものだ

五、学习手册答案

会話文のまとめ

　日本語研究会で「外来語使用の是非」をテーマにパネルディスカッションをしています。
　「日本語の外来語は制限されるべきかどうか」というテーマについていろいろな意見が出ました。
　制限すべきだと話したのは50代の男性と40代の女性でした。
外来語はイメージの一新を図るために使われると理解できても、わかりにくい外来語が多いことに対して、その理由だけでは納得できず、いつも苛立ちを感じてしまうとその50代の男性は訴えました。
　またその40代の女性は介護の専門員でしたので、新しい概念を外来語で表現することが多い介護業界によって、介護の中心であるはずの高齢者が無視されていると主張し、さらに、高齢者が安心して生活できる世の中にするためにも、外来語の見直しとわかりやすい言葉への変換が必要だと話しました。
　一方、制限すべきではないと考えたのは30代の男性と30代の女性でした。
　必要に応じて和語・漢語・外来語を使い分けるというのが日本語独自の特徴なので、外来語によって表現のバリエーションを広げるというのは、漢語によって表現の幅を広げた昔と同じものであること、そして、そもそも外来語の割合は5％程度

に過ぎないので、全体から見れば大きな問題ではないことという2点が、その30代の男性からの意見でした。

　同様にその30代の女性からは、言葉は変化するもので、変化こそ言葉のあるべき姿なのだから、言葉は特定の人によって制限されるべきものではなく、あくまで使う人々の自由に任せるべきだという主張が出ました。

　このように賛否両論が出る活発なパネルシスカッションは、会場の人との質疑応答に移りました。

実力を試そう

　汉语是采用音译、意译、部分意译、音意兼译等方法接受外来语的。音译的方法主要分为"纯音译"和"音译加类名"两种。

　首先，"纯音译"就是直接用汉字表达外语的读音。例如，"咖啡""沙发""可口可乐""幽默""巧克力""曲奇""模特""三明治"等。

　最近，"秀""酷"等在年轻人中非常流行。

　顺便说一句，"可口可乐"真的是个非常好的翻译，不仅表达了发音，而且表达了"可口又快乐"的意思，能够激发消费者的消费欲，是一个正能量的翻译。很多外国人名、地名都采用这个翻译方法。

　而"音译加类名"，是将原文音译，然后在后面附加表示意义的汉语。由于汉语是表意文字，因此这一类翻译通俗易懂。例如"啤酒"，"啤"表示"beer"的发音，后面加上品名"酒"字，非常容易理解。此外还有"芭蕾舞""沙丁鱼""三文鱼""摩托车""卡片""保龄球""因特网"等，这类翻译很多。都是前面表示原文的发音，最后一个字表示分类。

Ⅰ．文字・語彙・文法

1. (1) へんかん　　(2) いらだ　　(3) しつぎおうとう　　(4) まか
   (5) はか　　　 (6) じゅうなんせい　(7) よのなか　　　(8) かせ
   (9) むだ　　　 (10) くわ

2. (1) 混乱　(2) 把握　(3) 見直し　(4) 職業　(5) 記憶
   (6) 根拠　(7) 定着　(8) 矛盾　(9) 微妙　(10) 捉

3.

外来語	英　語	中国語
アニメーション	animation	动画
コンテンツ	contents	内容
キャラクター	character	出场人物
スポーツセンター	sports center	体育中心
ストーリー	story	故事
コスト	cost	成本
ファストフード	fast food	快餐
ショッピング	shopping	购物
コック	cook	厨师
スタッフ	staff	职员
イメージ	image	印象

4. (1) b　(2) a　(3) b　(4) c　(5) b　(6) d　(7) c　(8) a　(9) d　(10) d

5. (1)に　(2)への／へも／にも／まで　(3)に　(4)に
　　(5)すら／さえ／しか／だけ
　　(6)には／にも／だけ　(7)に　(8)まで　(9)から／より　(10)にでも

6. (1) b　(2) a　(3) c　(4) d　(5) c　(6) d　(7) b　(8) a　(9) c　(10) b

7. (1) a　(2) d　(3) b　(4) d　(5) c　(6) a　(7) b　(8) a　(9) c　(10) b

Ⅱ. 听力
(1) a　(2) c　(3) b　(4) b

Ⅲ. 阅读
a. ×　b. ×　c. ○　d. ○

六、学习手册听力录音稿
実力を試そう
　　中国語は、音訳、意訳、一部意訳、音訳兼意訳といった方法で外来語を受容して

います。音訳の方法を見ると、「ただ音訳したもの」と「分類を示す言葉を音訳に加えたもの」の二つに大きく分けられます。

　まず、「ただ音訳したもの」ですが、これは外国語の発音をそのまま漢字にあてたものです。例えば、"咖啡" "沙发" "可口可乐" "幽默" "巧克力" "曲奇" "模特" "三明治" といったものが挙げられます。

　最近では"秀" "酷"などの言い方が、若者を中心に流行っています。

　ちなみに、"可口可乐"は本当に素晴らしい訳だと思います。ただの音だけでなく、当てられた漢字は"口に合い、楽しめる"という意味にも読み取れ、まさに消費意欲をそそるプラス志向の訳語です。外国の人名や地名もほとんどこの方法で音訳されています。

　一方、「分類を示す言葉を音訳に加えたもの」ですが、これは音訳した原語の後ろに続く中国語部分が意味を示しています。

　もともと中国語は表意文字の言語ですから、このタイプの外来語は非常にわかりやすくなります。

　例えば、"啤酒"は、"啤"が"beer"の発音を音訳した漢字で、その後に付け加わる"酒"の漢字が飲み物の種類を示すので、簡単に理解できます。

　他にも、"芭蕾舞" "沙丁鱼" "三文鱼" "摩托车" "卡片" "保龄球" "因特网" などたくさんあります。それぞれ前の文字がもともとの言語の発音で、最後の一文字がその所属する分類を表しています。

テスト

1.
　(1)質問：外来語について、ケンさんはなんと言っていますか。
　　A：ケンさん、今ちょっと暇？
　　B：ああ、マリアさんか。暇だけど、どうしたの？
　　A：カタカナの言葉なんだけど、ハンカチとハンケチ、グローブとグラブ、どっちが正しいの。
　　B：そうだなあ、どっちが正しいとか考えないで、どっちも使っていいと思うよ。
　　A：そうなの。じゃあ、英語の「California」は？
　　B：「カリフォルニア」だね。
　　A：「カリホルニア」じゃなくて？「カリフォルニア」？
　　B：そう。でも「ＦＯ」は習慣で「ホ」と言う場合と、「フォ」と発音する

場合があるんだよ。プラットホームとかセロハンテープとかは「フォーム」でも「セロファン」でもちゃんと通じるね。他にも「ＴＩ」は「チ」と「ティ」があって、「プラチック」でも「プラスティック」でもいいんだよ。

A：じゃあ「ＶＡ」はどう書けばいいの？

B：「ヴァ」だね。「ヴァイオリン」みたいに。でも普通「Ｖ」のものは「バビブベボ」で書く場合もあるね。

質問：外来語について、ケンさんはなんと言っていますか。

a．書き方が2通りある外来語はどっちを使ってもいい。
b．外来語は発音が違うと必ず意味も変わるから、細かく区別しなければならない。
c．外来語の発音はややこしい。
d．外来語の書き方が難しい。

(2) 質問：「ビール」は、どうして「ビア」と言わないのですか。

A：笠井先生、少し教えていただきたいことがあるのですが、今よろしいですか。

B：いいですよ。どんなこと？

A：英語の"beer"はどうして日本語で「ビール」って言うんですか。英語の発音を聞いたら「ビア」と言ったほうがいいと思うんですが。

B：ああ、それはオランダ語から来たものだからだよ。つまり英語の発音とは関係ないんだ。意訳すると「麦酒」。これは、麦を使ったお酒ということだね。

A：そうだったんですか。じゃあ、英語風に「ビア」とか「ビヤ」と発音したら通じませんか。

B：いや、そんなことはないよ。例えば、「ビアガーデン」はちゃんと通じるよ。「ビヤガーデン」とも言うね。

A：他に、そういった、英語からではないカタカナ語はありますか。

B：そうだなあ……。「コーヒー」もオランダ語だね。「パン」はポルトガル語、「イクラ」はロシア語だね。

A：英語以外にいろいろあって面白いですね。

質問：「ビール」は、どうして「ビア」と言わないのですか。

a．英語風に翻訳したから
b．英語の発音がそうだから

c．オランダ語をもとにしているから
　　　d．聞こえがいいから
(3) 質問：プチ整形というのは何のことですか。
　　A：最近、プチ整形っていうのがはやっているんだね。
　　B：プチ整形？菓子のこと？
　　A：ううん、「美容整形」のことよ。目を二重まぶたにしたり、鼻を高くしたり、しわを取ったりするような気軽な整形のことだよ。だからプチ整形。
　　B：へえー、プチって言うから、何か小さくてかわいいものだと思ったよ。
　　A：違うんだよ。
　　質問：プチ整形というのは何のことですか。
　　　a．かわいい整形手術です。
　　　b．簡単にできる整形手術です。
　　　c．生まれつきの顔を保つ整形手術です。
　　　d．結婚のための整形手術です。
(4) 質問：学生のアルバイト時間の中で、週何時間が最も多いですか。
　　　学生のアルバイトに費やす時間について調査してみました。1週間に5時間未満の学生が回答者の24.2％、5時間以上10時間未満の学生が26.5％で、約半数が1週間に10時間未満となっています。ただ、1週間に30時間以上アルバイトをしている学生が5.6％もいることも明らかとなりました。アルバイトによる1ヶ月の収入については、約7割の学生が6万円未満となっています。他方、アルバイト収入が10万円を越える学生が回答者の7％程度いました。
　　質問：学生のアルバイト時間の中で、週何時間が最も多いですか。
　　　a．1週間に5時間未満
　　　b．1週間に5～10時間
　　　c．1週間に20時間
　　　d．1週間に30時間以上

七、课文翻译

ユニット1 应该限制外来词吗？

（日语研究会举办了以"外来词使用的是与非"为主题的专题讨论会。）

主持人：今天讨论的题目是"是否应该限制日语中的外来词"，刚才给大家介绍了四

位嘉宾，下面我们先来听一听其中主张限制外来词的村上先生的看法。

村上（男，五十余岁）：好的。关于您刚才介绍的题目，我觉得应该限制外来词。

由于职业的关系，我经常看经济和社会方面的报纸，其中外来词很多而且意思也不容易看懂，很烦人。

拿前些天看到的商业报道举例来说，报纸上出现了不少我不懂的外来词，比如「サステナブル」「アサイン」等，其实用「持続可能」或「割り当て」这些简单的词就能说清楚。

人们使用外来词可能是为了给人耳目一新的感觉，但仅仅为了这个目的就到处使用外来词我觉得是不合适的。

主持人：谢谢村上先生。下面我们请小林女士发言，她同样认为应该限制外来词。

小林（女，四十余岁）：是的，我也认为应该限制外来词。我从事医疗看护工作，看护方面的词汇新概念多，外来词也多。

大家可能知道「ターミナルケア」「カンファレンス」这些词，但一听到这些词就能明白是什么意思的老年人又有多少呢，至少在我平时接触的老年人当中是没有的，这样就成了"忽视老年人"的看护了。

为了使老年人能踏实放心地生活，我深感重新审视外来词以及改用平实易懂的词是当务之急。

主持人：谢谢小林女士。好，下面我们就来听一听长谷川先生和永井女士的意见，他们认为不应该限制外来词。首先有请长谷川先生。

长谷川（男，三十余岁）：好的。正如刚才二位所说的那样，直接使用外来词来表示新的概念的确是造成外来词晦涩难懂的原因。但即便如此，我还是觉得没有必要限制外来词。

之所以这么说，是因为在我看来，汉字词从古代中国大量传入日本，和语词与汉字词区分使用使日语独特的表达方式得到发展，现在又增加了外来词，这使得日语的表达更加富于变化。

村上先生提到的「アサイン」和「割り当て」的例子说明了为了满足不同的需要而区分使用这两个词，这正是日语的独特之处。另外，小林女士提出的问题我觉得应属于在看护领域内解决的问题。

一项关于电视节目中外来词使用状况的调查显示，外来词的占比不过5%，这充分表明了外来词只不过是日语整体词汇中的一小部分。

综上所述，我认为没有必要限制外来词。

主持人：谢谢长谷川先生。最后有请永井女士发言。

永井（女，三十余岁）：我的想法和长谷川先生相同，也是认为没有必要限制外来

词，准确地说，我不同意对语言的使用加以限制。

众所周知，语言是不断变化的，我认为变化才是语言应有的面貌，也就是说，语言不应由特定的人来限制，还是应让人们自由地去使用它。

村上先生和小林女士指出的具体问题可能确实存在，但作为一种基本的态度，我对"限制"本身持反对态度。

主持人：十分感谢各位。下面请听众提问。（之后展开了热烈的讨论）

2 学习外来词的困难和意义

随着全球化的发展和新技术的研发，新词层出不穷。其中，外来词的增加比较明显，甚至被说成是"泛滥"，这一现象常被作为社会问题之一引起人们的关注。外来词的理解和使用对于日本人来说也并非易事，对于日语学习者来说就更难了，我们具体思考一下学习外来词的难点。

首先，从字母转换成假名的规则不甚清晰，因此一个单词有时会有多种写法，例如「メーク」和「メイク」、「コンピューター」和「コンピュータ」等。有时即便同一报社的报道中也会出现同一单词写法不一致的情形，例如表示"可持续的"之意的外来词就有「サスティナブル」「サステイナブル」和「サステナブル」3种写法，着实混乱。在书写方式上存在这么大的差异，的确增加了学习者的负担。

除了书写方式，和原词的意义有所出入也是问题之一。在外来词作为日语被逐渐接受的过程中，会发生"新陈代谢"，意思和语感都未必和原词保持一致。「マンション」和「アルバイト」都是日常生活中常用的词，但意思却和英语或德语原词的意义不同。人们没有意识到和原词意义上的差异就使用的话，容易引起误解，也就是说，关于原词的知识有时会被忽略。

进一步而言，和语词、汉字词、外来词等多种表达方式表示同一概念时，如何区分使用就会比较难于掌握。即便对于母语者来说，尽管明白意思但区分它们之间语感上的细微差异也是很难的。有时为了显示自己语言丰富而使用外来词，结果反而让人觉得不严谨。如此看来，外来词的使用十分复杂，给学习者平添很多困扰也不足为奇。

然而，无论外来词有多难学，既然其数量不断增多，学习者就应积极应对。丰富的外来词也是日语的特色之一，「職業婦人」一词变成了「ＯＬ」，进而又发展为「キャリアウーマン」，在这一过程中产生了新的语感，出现了新的词义。如果把「借金」说成「ローン」或「クレジット」，不知为何「借金」一词带有的罪恶感就会减轻。人们用片假名来表示随着时代变化而产生的新想法、新概念，并把它们作为

外来词固定下来，正是有了这样的土壤，日语才变得更加丰富、更有魅力。

　　学习外来词尽管不容易，但由此领会到灵活、包容地接纳不同文化也是日语和日本文化的特征之一，这也是学习外来词的意义之一吧。

第10課　アニメ産業

一、教学目标

1. 能够根据具体情况采用贴切的表达方式向关系亲近的人寻求帮助、接受或者婉拒地拒绝其请求。
2. 能理解论述性文章的展开方式，运用适当的表达方式对事物进行对比和说明。
3. 掌握中日两国动漫发展的历史，探究中日两国动漫特征的异同。

二、语言知识点、学习重点及拓展教学提示

1. 语言知识点及学习重点

ユニット1

语言知识点	学习重点
①〜ないことはない〈双重否定〉 ②〜もの〈强调原因、理由〉 ③Nったら〈（负面）评价的对象〉	①准确理解「〜ないことはない」的含义，运用该句型委婉地表达意见。 ②理解「〜もの」的含义并合理运用。 ③理解「Nったら」的含义并合理运用。

ユニット2

语言知识点	学习重点
①〜のみならず〈范围〉 ②Vつつある〈持续变化〉 ③〜こともあって／こともあり〈原因〉 ④ーぶり〈状态〉 ⑤〜ものの〈转折〉 ⑥〜上で〈判断成立的范围〉 ⑦Nに代わって／に代わり〈代替〉	①理解「〜なり（〜なり）」的含义，区分该句型与「〜だけでなく」的异同。 ②掌握「Vつつある」的接续形式，合理运用该句型表达。 ③理解「〜ものの」的含义，总结所学的转折表达，并与该句型做出区分。

2. 拓展教学提示

(1) 搜集资料，探究日本动漫产业的发展。
(2) 比较中日两国动漫产业发展的历史、动漫特征的异同。

三、教学重点
（一）语法教学重点

1. 口语中的表达形式（→ 条目2，3）

条目2「もの」和条目3「ったら」都是口语中的表达形式。日语的口语表达有时会有男性用语和女性用语的区分，尤其是用于句末的语气助词，男女用语有较大的区别，这一点在教学过程中需要特别强调。

1. ～のみならず〈范围〉（→ 条目1）

「のみならず」与「だけでなく」「ばかりでなく」在意义、接续方面几乎没有差别，主要是语体上的差异。与「だけでなく」「ばかりでなく」相比，「のみならず」更多用于书面语。教学中可强调语体方面的差异。

2. Vつつある〈持续变化〉（→ 条目2）

「Vつつある」是表示持续变化意义的句型。表示"持续"意义的句型，还有「Vている」「Vているところだ」「Vつづける」等，可以进行一个简单的梳理、对比，以巩固学习效果。

a.「Vている」是最基本的"持续体"，可以前接动作动词，表示动作的持续，如「テレビを見ている」；或者接变化动词，表示变化后结果的存续，如「窓が開いている」。

b.「Vているところだ」强调某个动作正在进行之中，如「ご飯を作っているところだ」。一般不能接非意志的动词，如「×雨が降っているところです／○雨が降っている」。

c.「Vつつある」表示变化的持续，且关注当下的状况，如「会社が変わりつつある」。通常不用于动作的持续，如「×ご飯を食べつつある／○食べている」。

d.「Vつづける」表示动作的持续进行，有无意志的动作均可，如「歩き続ける」「眠り続ける」「雨が降り続ける」。

3. ～ものの〈转折〉（→ 条目5）

「～ものの」是表达转折的句型，与「～が」「～けれども」意义比较近似，转

折的语气比较柔和。「～ものの」的使用范围不如「～が」「～けれども」广泛。「～ものの」通常只用于书面语，且前面只能接简体形式。例如：

  (1) a. 博物館に行った{が／ものの}、休みだった。
    b. 博物館に行きました{○が／×ものの}、休みでした。

四、教材练习答案

A　内容確認

(1) 日本に行ったことについての報告会です。

(2) 李さんが高橋さんに頼みたかったのは、高橋さんから知り合いの留学生2～3人に、若者のアニメ観についてのインタビューをしてほしいということです。

(3) 遣唐使の会の人たちです。その結果、みんなに中国語の試験勉強で忙しいからできないと断られてしまいました。

(4) 断りました。高橋さんの知り合いである遣唐使の会の留学生たちがみんな試験勉強で忙しいとわかったからです。

(5) いいえ、すぐに正しく理解するのはできませんでした。

(6) 高橋さんが李さんに提案したのは、アニメ研究会の人と仲がいい王さんにインタビューのことを頼むことです。

(7) 後日、高橋さんが心配していたのは、自分が断ったせいで、李さんの発表がうまくいかなくなってしまうことです。
　　心配したとおりにならず、アニメ研究会でたくさんの調査結果が集まりました。

B　文法練習

1.
 (1) ～ないことはない
  ①a　②a　③時間がかかるのでやめた

2.
 (1) もの
  ①楽しくなってきたんだもの。もうやめられないわ
  ②だって私の話を聞かずに、ずっとしゃべり続けてくるんだもの
  ③ファンである以上、何度も見るのは当然だもの

C 会話練習
☞ ポイント1
ここをおさえよう！
(1) 劉さんは、三好さんがお願いを簡単に引き受けてくれると思っていませんでした。三好さんにとって負担になると思って、三好さんの状況に対して配慮する言葉から始めました（三好さん、今ちょっといい？）。頼みにくいことであるため、直接依頼に入るのではなく、まずレポートについて話し、三好さんの共感を図っていました（あの、教育学のレポートのことなんだけど、もうできた？）。それから困った気持ちや依頼したい気持ちを表現しました（もうできたんだけど、日本語のチェックがまだなんだ）。そして（うん、まあ……それで、ちょっと三好さんにお願いなんだけど……）とお願いしました。

(2) 「ええっ、それはちょっと……。まだ自分のレポートもできてないし」

「ちょっと」「ちょっと難しいなあ」「難しい」などの語彙的な表現や、理由（レポートもできてないし）などとともに実現が不可能、あるいは困難だと答えたり、応じられないことへの謝罪をしたりして（手伝えなくてごめんね）、談話全体で断わりました。

また、親しさをできるだけ損なわないために、断わりを含意する前置きを加えた。（もうちょっと早く言ってくれたら手伝えたかもしれないけど）

(3) 三好さんの断りに対して、劉さんはすぐにあきらめずに、さらに何回も依頼を重ねました。

「時間、ないかなあ」「だめかな？」と疑問文で自分の依頼が実現するか、不安と期待を独り言を言うような文で表現しました。

正しいのはどっち？
①あのう、ちょっと　②実は　　　　　③それで　　　　④教えてもらえない
⑤教えてもらえる　　⑥教えてもらえる　⑦お役に立てなくて

☞ ポイント2
ここをおさえよう！
(1) 疑問文を使って依頼した。（ちょっと教えてくれない）

モデル会話1は三好さんにとって時間的に負担が大きいです。それに対して、モデル会話2のほうがその場ですぐ答えられるので、それほど負担にならないと思ったからです。

(2)「うん、いいよ。」と気軽に引き受けました。
(3)小川さんはたぶん漢字の意味が分からなかったから、友達との約束を口実に断りました。「あ、ごめん、ちょっと友達と会う約束があるんだ……。またあとで。」と。
　　言葉の意味がわからない小川さんは、予想外の状況で慌てていたようです。

正しいのはどっち？
①今、ちょっといい　　　　　　②ちょっと手伝ってもらえないかな
③混ぜてくれる？　　　　　　　④ちょっと買ってきてもらえないかなあ
⑤オーブンに入れて焼いてくれない？　⑥すみません

解説：
他の人間関係の場合
例1：（新婚の）妻と夫
①～④は解答と同じ　　　　⑤助かるんだけど、　⑥ごめん

例2：（新婚どころではない）妻と夫
①～④は解答と逆。（無理言って、ほんとにごめんね）はなし。⑤は「焼いて」、「うん、いいよ。あ、」は「いいけどさあ、」⑥の「ごめん」はなし

A　内容確認

1.

日本のアニメ	(1)代表作：「となりのトトロ」「ドラえもん」「ワンピース」など。 (2)代表的なアニメ製作者：手塚治虫、宮崎駿 (3)好評の理由：登場するキャラクターの魅力やストーリーの面白さ、画像の美しさ。
中国のアニメ	(1)代表作：「大圣归来（西遊記ヒーロー・イズ・バック）」「大鱼海棠（紅き大魚の伝説）」「哪吒之魔童降临（ナタ～魔童降臨～）」など。 (2)急成長した理由：ゲームや音楽、おもちゃといった関連ビジネスへの展開にも成功し、新たなビジネスモデルを確立しているから。 (3)好評の理由：中国の伝統的な物語をモチーフにし、観客の嗜好に合わせて現代的なアレンジが加えられたから。

2. (1)×　(2)○　(3)×　(4)×

B 文法練習

1.
- (1) つつある
  - ①現実的なものに変わりつつある
  - ②価値観の多様化が急速に進みつつある
  - ③労働力人口が減少し
- (2) ～ぶり
  - ①テレビで娘の活躍ぶり
  - ②彼のさっきの慌てぶりから
  - ③仕事
- (3) Vる上で
  - ①生きていく上で音楽は不可欠
  - ②外国語を学ぶ上で欠かせない
  - ③やはりチームワークだ
- (4) Nに代わって/に代わり
  - ①肉に代わって豆腐を使う
  - ②人に代わってロボットが仕事をする
  - ③今日のバイトに入ることになった

2.
- (1) ～こともあって/こともあり
  - ①a　②a　③飛行機のチケットは国内便も海外便も売り切ればかりだ
- (2) のみならず
  - ①b　②a　③も好評だ
- (3) ～ものの
  - ①b　②b　③お金と時間がなくて、何もできない

五、学習手册答案

会話文のまとめ

　　日本から帰国した李さんは報告会をすることになっています。日本のアニメや若者のアニメ観について話したいと思っていますが、そのためには日本人留学生にインタビューする必要があります。

　　知り合いの留学生へのインタビューを高橋さんに頼みましたが、高橋さんに断ら

れました。断った代案として、アニメ研究会のメンバーと仲がいい王さんへ頼んだほうがいいと勧めてくれました。

　王さんのおかげで李さんはアニメ研究会のメンバーに協力してもらえました。そのことを高橋さんに話したら、報告会が成功しそうなことに安心してくれ、報告会に出席することを約束してくれました。

実力を試そう
略

I. 文字・語彙・文法

1. (1) しょくにん　(2) じんざい　(3) みりょく　(4) ぶんや
   (5) へだ　(6) ふかけつ　(7) あら　(8) かんぺき
   (9) おびや　(10) と

2. (1) 先端　(2) 戦略　(3) 保護　(4) 向上　(5) 育成
   (6) 大幅　(7) 再　(8) 急激　(9) 上回　(10) 挙

3. (1) c　(2) d　(3) a　(4) b　(5) b

4. (1) には　(2) で　(3) への　(4) とは　(5) と
   (6) に　(7) に　(8) に　(9) に　(10) で／が

5. (1) a　(2) c　(3) b　(4) c　(5) d　(6) c　(7) a　(8) c　(9) d　(10) b

6. (1) a　(2) d　(3) b　(4) a　(5) b　(6) a　(7) c　(8) d　(9) a　(10) c

7. (1) c　(2) d　(3) c　(4) b　(5) b　(6) b　(7) c　(8) a　(9) b　(10) a

II. 听力

1. (1) c　(2) c　(3) d　(4) d

2. (1) d　(2) a　(3) ① b　② a　③ d　④ c

Ⅲ. 阅读
(1) d → b → a → c　　　(2) 1992年　　　(3) 3杯のかけそば

六、学习手册听力录音稿
実力を試そう
　　あなたが最も好きなアニメや映画のキャラクターを紹介してください。なお、始める前に10分間しっかり準備してください。紹介を話す時は録音してください。紹介が終わったら、自分の録音を聞いて、内容や話し方などをチェックしてください。

テスト
1.
　　(1) 質問：松田さんは何と言っていますか。
　　　　A：松田さん。お願い。（拝むように両手を合わせる）
　　　　B：だめ。絶対にだめ。
　　　　A：そこを何とか。五千円だけでいいから。
　　　　B：どう言われようと貸せないわ。私だって今月厳しいんだから。無い袖は振れない。
　　　　A：そう冷たいこと言わないで。幼馴染みを助けてよ。
　　　　B：幼馴染みだろうがなんだろうが、無理なものは無理。
　　　　A：一生のお願い。彼女の誕生日でどうしても必要なんだよ。僕を見捨てないでくれよ。松田さんだけが頼りなんだから。
　　　　B：どんな理由だろうが、変わらないわよ。この前のだってまだ返してもらってないのに、また貸してくれなんて、虫が良すぎるわ。私はだめ。
　　　　A：これからは絶対に期限までに返すから。頼むよ。このとおり。（再び、頭を下げて、拝むように両手を合わせる）
　　　質問：松田さんは何と言っていますか。
　　　　a. 五千円は高すぎてお金は貸せません。
　　　　b. 服の袖がないのでお金を貸せません。
　　　　c. 幼馴染でもお金は貸せません。
　　　　d. この前貸したお金を返してくれたら貸します。
　　(2) 質問：舞子さんは本田君に何と言っていますか。
　　　　A：どうしよう、もう明日の誕生日に間に合わない。彼女に怒られちゃうよ。

弱ったなあ……。
B：本田くん、どうしたの。そんな顔して。
A：ああ、舞子ちゃん。実はさあ、来週彼女の誕生日なんだけど、プレゼントを買うお金が無いんだ。
B：じゃあ、また松田さんに借りればいいじゃない。幼馴染みなんでしょ。
A：それがどうしてもうんと言ってくれないんだ。先月借りたお金もまだ返してないから。
B：それじゃ、しょうがないわ。ねえ、なんなら私が貸してあげてもいいわよ。条件付きだけど。
A：ほんと！？どんな条件でものむよ。神様仏様舞子様。地獄で仏とは、まさにこのこと。天地神明に誓って約束は絶対に守るから、助けて。
B：男に二言は無いわね。じゃあ今学期のレポート全部、私の代わりに書いてね。
A：え、あの、それはちょっと……。

質問：舞子さんは本田くんに何と言っていますか。
　a．プレゼントが誕生日に間に合わなくて舞子さんに怒られました。
　b．舞子さんは神様仏様なのでお金を貸してくれます。
　c．舞子さんは条件付きでお金を貸してくれます。
　d．卒業までずっと舞子さんのレポートを書けばお金を貸してくれます。

(3)質問：清水さんは甥の誕生日プレゼントに何をあげることにしましたか。
A：鈴木さん、ちょっといいかな。
B：いいですけど。どうしたんですか、清水さん。そんなに改まって。
A：うん、今度甥っ子の誕生日プレゼントにアニメのＤＶＤをあげようと思ってるんだ。鈴木さんが詳しいって聞いたから、なにかお勧めのを教えてもらおうと思って……。
B：いえ、詳しいというほどでは……。多少みなさんより知っているくらいで、私なんかがお役に立てるかどうか……。
A：でも、僕より詳しいはずだから、お願い。小学校6年生なんだけど、ポケモンとかミッキーがいいのかなあ。
B：ポケモンは低学年向けですからお勧めできません。ディズニーも、もうその年齢の子には受けないと思います。甥っ子さん、どんな感じのお子さんなんですか。
A：その子、すごくませてるんだよ。オモチャのロボットはとっくに卒業した

けど、近未来が舞台のアニメは好きらしくてね。それで…。
　B：そう言うことでしたら断然『ガンダム』です。特に第一作は監督入魂の作と言われてまして、戦争・組織・人間というテーマで人と組織のジレンマを鋭くえぐり出しています。しかも、主人公を10代の少年にすることで、誰もが持つ少年期の葛藤を視聴者に突き付けた大傑作です。更に映像技術という面でも突出してまして……。
　A：分かった、分かりました。とにかくそれにしよう。
　質問：清水さんは甥の誕生日プレゼントに何をあげることにしましたか。
　　a．ポケモンのＤＶＤ
　　b．ミッキーのＤＶＤ
　　c．ディズニーのＤＶＤ
　　d．ガンダムのＤＶＤ
(4)質問：どんなアニメを見ることにしますか。
　A：明日のアニメ鑑賞会、何にしようか。
　B：まだ日本に来たばかりの学生も多いから、簡単なのがいいんじゃないかな。例えば『ちびまる子ちゃん』とか……。日本の家庭の紹介もできるし。
　A：『サザエさん』もいいけど、ちょっと子供っぽいかもしれないな。
　B：『ドラゴンボール』とか『ポケモン』は？世界でも有名になってるし。
　A：いいとは思うんだけど、どっちもＴＶ版しか持ってないから、映画版の中から一つ選んで留学生センターからレンタルしてこなきゃいけないよ。
　B：じゃあ、宮崎アニメは？
　A：あれはもうほとんど全作見ちゃったから、今回は他のにしたいなあ。
　B：『ガンダム』はだめかな。映画版のＤＶＤもあるし、シリアスだし。
　A：ロボットものは、内容が分析できないと単なる娯楽になっちゃうからなあ。
　B：難しいなあ……。
　A：やっぱり無難に宮崎アニメにしておこうかな。初期の作品なら見てない人もいるかもしれないし。
　B：またか……。
質問：どんなアニメを見ることにしますか。
　　a．日本の家庭の紹介もできるので、『ちびまる子ちゃん』や『サザエさん』

にします。

　　b．『ドラゴンボール』か『ポケモン』の映画版にします。

　　c．映画版のＤＶＤもあるしシリアスなので『ガンダム』にします。

　　d．宮崎アニメの初期の作品にしますが、まだ決まってはいません。

2.
　(1) 質問：どのコップがいいと言っていますか。

　　Ａ：これはあまり取っ手が大きくないので持ちにくいですね。あと、ふたもついていたほうがいいのですが。

　　Ｂ：ではこれはどうでしょう。新発売の商品です。

　　Ａ：そうですね……、ちょっと長すぎます。これじゃあ飲みにくいです。

　　Ｂ：ではこちらはいかがでしょう。

　　Ａ：これはちょうどいいですね。これにします。

　　質問：どのコップがいいと言っていますか。

　(2) 質問：どのいすを買いますか。

　　Ａ：これにしようかな。

　　Ｂ：四本足の方が丈夫じゃない。

　　Ａ：三本足でも大丈夫だよ。でも背もたれはあったほうがいいかしらねえ……。

　　Ｂ：そうだね。

　　質問：どのいすを買いますか。

　(3) 質問：どれについて話していますか。

　　①Ａ：これ便利だけど字が小さすぎて見にくいなあ。

　　　Ｂ：まあポケットサイズだからね。

　　②Ａ：これすごいなあ、20冊も辞書が入ってるんだね。

　　　Ｂ：そうだよ、3万円もしたんだから。

　　③Ａ：えーと、「辞書」、「辞書」は英語で………。

　　　Ｂ：そんな簡単な単語で辞書めくってるの？まったく……。

　　④Ａ：ねえ、「パートナーシップ」って、どんな意味？

　　　Ｂ：ちょっと待ってね。あった。「partnership」ですね……協力関係とか提携することだって。

　　質問：どれについて話していますか。

七、课文翻译

ユニット1 这事还得麻烦你

（在大学里）

李　：高桥，你现在有空儿吗？

高桥：嗯！什么事？

李　：我不是上个月去了趟日本吗。

高桥：嗯，嗯。

李　：过几天我得给大家汇报。

高桥：哦，是吗，够你忙的啊！

李　：所以如果可以的话想请你帮个忙。

高桥：噢，帮什么忙？

李　：我想在汇报的时候谈谈日本的动漫。

高桥：噢，就是上次听的那个讲座？

李　：对，对！可能的话我还想讲讲年轻人对动漫的看法。

高桥：嗯，听着挺有意思的。

李　：所以我想还是应该采访一下。

高桥：嗯，嗯。

李　：所以我想请你帮忙采访一下你认识的留学生，可以吗？

高桥：啊？这可有点……。遣唐使会的人你也问过了吗？

李　：问过了，不过他们说正在忙着准备汉语考试，所以帮不了忙。

高桥：那可不好办啊……

李　：帮我采访两三个人就行，你帮我一下可就解决大问题了，行吗？

高桥：嗯，还真挺难办的。

李　：这事还得麻烦你……

高桥：嗯，话是这么说，可……，也不是不行……

李　：啊，太好了！我真是找对人了。

高桥：等会儿，我还没说要帮忙呢。

李　：咦？刚才你不是说不是不行吗？

高桥：能办的话我还是愿意帮忙的，但还是有点……，抱歉啊。

李　：是这样啊，啊，那可怎么办啊。

高桥：啊，对了，去问问王宇翔怎么样？

李　：啊，对呀，好像他和动漫研究会的人关系不错，说不定他能帮着问问呢。

高桥：是啊，你的事，他一定会帮忙的。
李　：那，不好意思，你能不能也替我跟王宇翔说一声？
高桥：哎呀，你呀！（笑）好吧，好吧。
李　：那就拜托了。

（一周后）

高桥：李东，前几天说的采访的事怎么样了？
李　：多亏了王宇翔托了动漫研究会的部长……
高桥：哦，哦。
李　：研究会的所有成员都帮了忙，我得到了大量的调查结果。
高桥：那太好了。因为我没帮忙，万一你的汇报进展不顺利，那该怎么办呢，我还挺担心的。
李　：没关系，调查做得很成功。下周的汇报会，你来听吧？
高桥：当然了！
李　：我的帅气形象，帮我好好拍下来！
高桥：没问题！

ユニット2 中国动漫产业的发展

　　动漫是日本的强项。从80年代到90年代末，日本的动漫产量大幅超过之前的水平，《龙猫》《机器猫》《海贼王》等知名作品享誉国际，尤其是手冢治虫和宫崎骏的作品，除了在日本国内，也受到了全世界动漫制作人的尊敬。作品赢得好评的原因在于日本的文化和审美意识、匠人技艺创作出的优秀内容，也就是角色的魅力、故事的有趣以及画面的精美。日本动漫不仅在日本国内，同时也受到全世界的喜爱，它成为代表日本的文化之一，甚至被纳入了"酷日本"文化策略。

　　然而，日本"动漫王国"的地位最近受到了来自中国的挑战。中国动漫产业长期以来落后于海外，但近年来得到了国家的大力支持，取得了飞跃的进步。《西游记之大圣归来》《大鱼海棠》《哪吒之魔童降世》等众多作品大获成功，让国内的动漫粉丝尽享了视觉盛宴，不仅如此，还进军海外市场，其快速发展令国内外叹为观止。

　　这些作品以中国传统故事为主题，并通过现代的改编满足了观众的口味，因此备受关注，此外，还成功地拓展到游戏、音乐、玩具等相关产业，并建立了新的商业模式。

　　当然，中国动漫产业尽管取得了长足发展，但同世界前沿相比仍存在相当大的差距。在提升国产动漫质量、发展相关产业方面，传承和保护传统文化、引进最新技

术、培养人才等是关键所在。

　　近年来，AI（人工智能）绘画在动漫界引发了改革创新。长期以来，动漫制作一直依赖手绘，但随着AI的进步，据说已经不再依赖人力来绘制。取代人工，仅凭软件就能创作动漫的时代或许已经到来了。中国动漫产业将如何发挥AI的长处，未来的发展令人期待。